Lama Ole Nydahl

Das große Siegel

Impressum
Joy Verlag GmbH, Sulzberg
© 1998 by Karma Kagyü Dachverband e.V. (KKD e.V.)

Übersetzung der Mahamudra-Verse aus dem Tibetischen: Karmapa
International Buddhist Institute unter der Leitung von Hannah Nydahl
Bearbeitung/Lektorat: Catrin Hartung
Lektorat: Christiane Uffrecht
Gesamtgestaltung: Kuhn Grafik, Digitales Design, Zürich
Druck: Wilhelm Uhl GmbH, Bad Grönenbach
Bindung: Franz Kraus GmbH, Kempten

10 9 8 7 6 5 4 3 2
2002, 2001, 2000, 1999, 1998

ISBN 3-925554-30-1

Lama Ole Nydahl

Das grosse Siegel

Die Mahamudra-Sichtweise des
Diamantweg-Buddhismus

Joy Verlag

INHALT

WIDMUNG

Meine Auslegungen von Karmapas Wünschen sind der wachsenden Zahl ausgebildeter und selbständiger Menschen gewidmet, die ihre vielseitigen Taten und Erfahrungen in einen Erleuchtungsweg einbauen möchten.

DANKSAGUNG

Unseren tiefsten Dank an Rangjung Rigpe Dorje, den 16. Karmapa. Er übertrug Hannah und mir das Große Siegel in Kopenhagen, Frankreich und Sikkim.

VORWORT

Liebe Freunde,

diese zweite, ausführlichere Ausgabe der Erläuterungen zu den Mahamudra-Wünschen des 3. Karmapa war eine wirkliche Geburt, die sich, in Zügen, Autos, Flugzeugen und in mehreren Zurückziehungen, über einige Jahre erstreckte. Es lag wohl im Wesen der Dinge, denn diese Wünsche schließen das ganze Bewußtsein ein, und nicht nur die Ebene der Begriffe. Die Bereicherung der Sichtweise der Leser ist hier viel wichtiger als das Erlernen einer Fachsprache, was bei Wünschen ohnehin nicht das Ziel ist.

Deshalb wurden jetzt, 700 Jahre später, Erinnerungen an Belehrungen bekannter Lamas, viel spürbarer Segen, eigene Meditationserfahrungen und Catys klarer Kopf bis zum äußersten ausgeschöpft. Wir wollten Worte finden, die die letztendliche Weisheit aus immer neuen Richtungen beleuchten und gleichzeitig Raum geben, sie zu erfassen. Hinterläßt das Buch also eher ein erleichtertes Vertrauen als zusätzliches Gepäck an Vorstellungen, wurde sein Ziel erreicht.

Da die Burg der Unwissenheit aus jeder Richtung erstürmt werden soll, ist der Zugang zu jedem Vers verschieden, und weil der erste im Westen tätige Karmapa, der sechzehnte, so durchgehend auf Lebensnähe bestand, wurde sein Stil hier weitergeführt. Mehrmals erscheinen daher zeitgemäße Erläuterungen in einem sonst zeitlosen Text, der unmittelbar auf den Geist selbst zeigt. Die erleuchteten Einsichten ziehen sich mit immer gleichen und auch neuen Bildern wie ein roter Faden durch das Buch. Die ersten Verse schaffen den nötigen Verständnishintergrund, damit man sich dann vollständig auf die Mahamudra-Erfahrungen von Karmapa einlassen kann. Und wer zum Schluß kein Regenbogen geworden ist, sollte sich vornehmen, das Buch bald wieder zu lesen.

Die Wünsche des Großen Siegels vermitteln den Erfahrungsstrom der Karmapas. Seit den frühen siebziger Jahren, als Buddhas Lehre im Westen Fuß faßte, wurden die erwähnten Erlebnisebenen zum heiß begehrten Ziel der wachsenden Zahl westlicher Kagyü-Verwirklicher.

«Maha« heißt auf Sanskrit »groß« und »Mudra« bedeutet »Siegel« oder »Zeichen«. Der Name rührt von einem Versprechen her, das Buddha vor 2550 Jahren seinen nahen Schülern gab: »Sucht keine höheren Belehrungen als diese, es gibt sie nicht.«

Lest und genießt!

Am Thuner See im Kreis von fünf Dakinis im Segensfeld der Schützerin Weißer Schirm, am Tag von Schwarzer Mantel im August 1998.

Eure Tosh, Caty, Hch u Caro Ole.

Der Verfasser und seine Muse beim Überprüfen einiger Aussagen des Mahamudra-Textes.
Gemeinsamer 100 Meter Bungeesprung Schilthorn, Schweiz

EINLEITUNG

Eine jede Beobachtung der äußeren wie der inneren Welt wirft einen auf den Geist zurück. Nur er ist ständig und wirklich vorhanden, jedoch nicht als irgendetwas Dingliches. Das, was wahrnimmt, ist seinem Wesen nach unveränderlich und zeitlos wie der Raum, während das Wahrgenommene – die inneren Zustände wie auch der äußere Rahmen – in ständigem Wandel begriffen ist. Nur der Erleber ist immer und überall.

Das Große Siegel – Mahamudra – bedeutet, den Geist voll zu erwecken und seine Erleuchtung zu besiegeln. Wer die Strahlkraft des Spiegels hinter den Bildern fortwährend erkennt und die Unerschütterlichkeit des tiefen Meeres jenseits seiner Wellen erlebt, ist im Ziel.

Der Weg dorthin wird immer reicher. Die Wonne, die nach der Erleuchtung nicht wieder aufhört, zeigt in den Augenblicken ihren Reiz, wenn keine Gewohnheiten oder Erwartungen einen ablenken. Einige erahnen die Kraft dieses Zustandes beim freien Fall, bevor sich der Fallschirm öffnet, oder in der Schräglage auf dem Motorrad, andere während der Verschmelzung in der Liebe. Er zeigt sich blitzschnell beim Niesen, als das freudige »Aha« bei einer neuen Einsicht oder indem man das Glück anderer nachempfindet. Wer den Weg der drei »alten« oder »Rotmützen-Schulen« des tibetischen Buddhismus geht, die zum Erreichen dieser Erfahrung starke, lebende Übertragungen besitzen, kann innerhalb eines Lebens solche Augenblicke zu einem Dauerzustand ausweiten. Schon nach einem kurzen Austausch mit einem Halter des Großen Siegels, und vor allem durch die Freundschaft mit ihm und die Mitarbeit in seinen Gruppen, fängt ein breites geistiges Wachstum an. Sowohl in der Vertiefung als auch sonst im Leben wird man immer dauerhafter ein freudiges Einssein mit allem erleben, bis man sich schließlich wundert, daß es auch Leid und Enge geben kann.

«Raum ist Freude.«, »Jedes Geschehnis ist das freie Spiel des Geistes.«, »...in allen Wesen den möglichen Buddha sehen und bewußt Körper und Rede einsetzen, um ihre Kraft hervorzubringen« – derartige Aussagen zeigen seit Buddhas Zeiten den uferlosen Reichtum der Verwirklicher, sie beschreiben das Ziel und den Weg des Großen Siegels. Seine geschickten Mittel ermöglichen selbständigen Menschen, auch anderen zu helfen. Das Große Siegel erklärt ohne übertriebene Wissenschaftlichkeit oder Gefühlsduselei letztendliche wie auch bedingte Ebenen als an sich freudvoll. Angesichts der heute oft geschmacksarmen geistigen Fertigmenüs haben diese Belehrungen eine wachsende Anziehungskraft.

Erleuchtung ist die volle Entfaltung aller Eigenschaften und Fähigkeiten der Wesen, einschließlich der unentbehrlichen Vernunft. Deshalb kann auch der Weg dahin nichts enthalten, was abgehoben oder unverständlich wäre. Das weiß Karmapa. Und obwohl er diesen Text so ausdrucksstark und kunstvoll verfaßte, mit mehrfachen wichtigen Wiederholungen, genügt ein bloßes Mitschwingen mit den Versen nicht. Erst durch kritisches Mitdenken können seine Worte ganz entschlüsselt werden. Daher meine auf die heutige Welt zielenden Erläuterungen.

Jede buddhistische Entwicklung beginnt mit einer Untersuchung der Ausgangslage. Dadurch versteht man als erstes, daß die im eigenen Leben gerade vorhandenen Bedingungen eine höchst kostbare und erstaunlich seltene Möglichkeit bieten: Man kann tatsächlich bewußt sein Leben in Richtung Befreiung und Erleuchtung steuern. Nur sehr wenige haben die Gelegenheit, gebildet, frei und fähig Buddhas Lehre in ihrer Fülle zu begegnen, und noch viel weniger nutzen ihr Glück.

Die zweite Überlegung betrifft die Vergänglichkeit aller Dinge. Jeder kann jeden Augenblick sterben. Äußeres wie Inneres ändert sich ständig. Nur die Raum-Klarheit des Geistes ist ewig und überall. Das macht den Geist sehr wichtig. Man sieht ein, daß man die Zeit jetzt nutzen sollte. Keiner weiß, wie lange er leben wird.

Die dritte Beobachtung gilt dem Gesetz von Ursache und Wirkung (skt.: Karma, tib.: Lä). Gerade jetzt bestimmen die eigenen Gedanken, Worte und Taten eines jeden seine Zukunft. Man legt ständig selbst die Samen für sein Erleben, und es lohnt sich, sehr bewußt zu sein! Werden schädliche Eindrücke nicht entfernt, reifen auch sie als Erfahrungen heran, die denselben Gefühlsgehalt tragen wie ihre Ursachen!

Schließlich begreift man, warum es sinnvoll ist, sich wirklich zu entwickeln. Man sieht, wie jedes Wesen nach kurzfristigem Glück strebt und zugleich Leid vermeiden will. Erleuchtung ist aber das stärkste Glück überhaupt. Es kann weder vergehen noch sich auflösen. Diese reiche Möglichkeit des Geistes aus Faulheit auszublenden wäre schade. Wer auf einer geistigen Ebene bleibt, auf der man glaubt, der Körper zu sein und die Dinge zu besitzen, findet bei Krankheit, Alter, Tod und Verlust keinen Halt. Man hat dadurch auch keine Kraft, anderen zu helfen.

Diese vier Überlegungen führen zur Suche nach Werten, denen man wirklich vertrauen kann. Hier gibt es nur eins, was überall und zeitlos vorhanden ist: eben der Raum. Obwohl Raum häufig als ein *Nichts* oder etwas *Fehlendes* verstanden wird, ist er bestimmt kein Schwarzes Loch, sondern eher ein Behälter, der alles verbindet, ermöglicht und umfaßt. Sein Wesen ist unmittelbar entstehende Einsicht. Seine Erfahrung ist spielerische Vielfalt und Freude. Sein Ausdruck ist tatkräftige Liebe, die befriedend, vermehrend, begeisternd oder schützend den Wesen nützt. Da Erleuchtung zusätzlich alle Störgefühle in spiegelähnliche, ausgleichende, unterscheidende, erfahrungsmäßige und allesdurchdringende Weisheiten verwandelt, ist jede Leuchtkraft des Geistes durch den Raum entfaltet[1]. Buddha (tib.: Sangye) verkörpert diese gesamte Verwirklichung. Deshalb ist sein Zustand die erste Zuflucht.

Die zweite Zuflucht, die er gab, ist der Weg dorthin. Seine Lehre (skt.: Dharma, tib.: Chö) besteht aus 84'000 Hilfsmitteln, die in 108 dicken Büchern enthalten sind. Sie ermöglichen einem jeden, mit der gewünschten Geschwindigkeit zum Ziel zu kommen.

Die dritte Zuflucht, die Freunde auf dem Weg (skt.: Sangha, tib.: Gendün), sind die bekannten und unbekannten Bodhisattvas, mit deren Hilfe man sich entwickelt. Jedes Karma Kagyü Zentrum hat bestimmt mehrere davon.

Schließlich braucht man für den »Diamantweg« eine vierte Zuflucht, die die ersten drei zusammenbringt und im Leben verankert. Es ist der Lehrer (skt.: Guru, tib.: Lama). Von ihm muß erwartet werden, daß er für jeden ersichtlich als Mönch, Laie oder Verwirklicher lebt. Er muß seine Bände halten, Lebenserfahrung haben und Buddhas Körper, Rede und Geist sinnvoll vertreten. Zusätzlich soll er Begeisterung – Segen – vermitteln, die besonderen Mittel des Diamantweges beherrschen und mit einem Feld erleuchteter Schüt-

---

[1] Lama Ole Nydahl, Wie die Dinge sind. Joy Verlag, Sulzberg, 1994.

zer verbunden sein, das auch auf seine Schüler übergreift und jede Erfahrung zu einem Schritt auf dem Wege macht.

Bevor 1992 so viele tibetische Würdenträger den Chinesen politisch auf den Leim gingen und die Karma Kagyü Linie zu einer fortschrittlichen, westlichen Diamantweg-Linie wurde, sprach man noch von »hohen« und »allgemeinen« Lehrern. Das ist nun vorbei. Jetzt sollte sich jeder die Mühe machen, sich seine möglichen Lehrer ungeschminkt vorzustellen. Man muß selbst entscheiden, ob sie dasselbe tun und sagen und ob man ihr Beispiel für das eigene Leben verwenden will. Weil Roben und Rituale sehr an Stellenwert verloren haben, schauen die Leute um so mehr auf den Nutzen, den die Lehrer ihnen bringen können, oder ob sie ihnen ganz einfach vertrauen können und sie mögen.

Einige buddhistische Schulen des sogenannten »Kleinen Weges« nehmen Zuflucht mit der Einstellung, das eigene Leid beenden oder verkleinern zu wollen. Noch viel sinnvoller ist sie aber in Verbindung mit dem wahrhaft großen Wunsch des »Großen Weges«, der Bodhisattva-Einstellung, sich so schnell so weit zu entwickeln, daß man allen nützen kann. Durch die Wünsche für alle Wesen vorangetrieben, bekommt man riesige Kraft und kann die besonders schnellen Mittel des Diamantweges verwenden.

Eine solche Umstellung der eigenen Werte von Bedingtem und Vergänglichem auf Letztendliches und Zeitloses ist der notwendige zweite Schritt auf dem Wege Buddhas. Dadurch wird die künftige Arbeit mit dem Geist abgesichert und kann breit anfangen.

Es gibt zwei Einstiegsmöglichkeiten, wenn man sich für Buddhas Lehre entschieden hat. Einige springen mit viel Zeitaufwand und Schwung sofort in die vielen Wiederholungen der Grundübungen (tib.: Ngöndro). Andere bevorzugen es, etwas Meditation, das Aneignen buddhistischer Sichtweisen und gelegentliche Meditationskurse in das täglich-jährliche Leben einzubauen. Beide Vorgehensweisen sind gut. Sobald eine gewisse Reife erreicht worden ist, stehen demjenigen mit beendetem Ngöndro[2] drei und dem, der die vielen Übungen nicht gemacht hat, zwei weiterführende Wege offen.

Wie wirken ihre Mittel? Sie nutzen drei dem Geist innewohnende Eigenschaften: seine Fähigkeit zu tun, zu wissen und sich einzufühlen.

Der erste Weg, der »Weg der Mittel«, kam mit dem Helden Marpa vor 950 Jahren über die Berge von Indien nach Tibet. Er hatte die Belehrungen von dem Verwirklicher Naropa erhalten. Hier öffnet man u.a. die inneren Energiebahnen und -räder des Körpers. Dieser Weg, auch der »Weg der sechs Lehren Naropas« genannt, kann nur nach Beendigung der Grundübungen betreten werden. Teile davon könnten heute sehr leicht verlorengehen. Die für bestimmte Übungen unerläßlichen monate- bis jahrelangen Zurückziehungen, die die tibetische Wirtschaftsform ermöglichte, sind heutzutage für einen Menschen, der im Leben steht, kaum durchführbar. Wer von den Westlern aber gern in die langen, bis jetzt meist zölibatären Zurückziehungen geht, kann das im Himalaja oder in Frankreich machen. Sie erhalten dort diesen Teil der Übertragung, dürfen aber nach Verlassen der Klöster die Texte nicht mitnehmen. Die meisten dieser Übungen sind geheim und somit nicht allgemein zugänglich. Außer dem Phowa (tib.), einer für die moderne Welt sehr geeigneten Übung, bei der das Bewußte Sterben erlernt wird, kann man ohne lange Vorbereitung der Schüler den Weg der Mittel kaum mit gutem Gewissen lehren. Es können zu viele körperliche Hindernisse und geistige Störungen auftreten. Wer es dennoch wagt, und es gibt sogar unter

---

[2] Lama Ole Nydahl, Die Vier Grundübungen. Joy Verlag, Sulzberg, 1998.

hochbetitelten Rinpoches einige, die heute im Westen die Erfahrungen der letzten 1000 Jahre mißachten und Geheimlehren einfach drucken lassen, nützt seinen Schülern meistens nur sehr kurzfristig. Der geprellte Stolz nach erfolglosen Versuchen mit zu anspruchsvollen Belehrungen, für die einem die Grundlage fehlt, kann in zukünftigen Leben den Zugang zum Diamantweg verhindern. Unter den Übungen des buddhistischen Tantra, wie der Weg der Mittel auch bezeichnet wird, erfordern vor allem die so heiß begehrten tantrischen Vereinigungsübungen jahrelange Erfahrung in der Meditation, eine sehr besondere Gefährtin bzw. Gefährten und lange Zurückziehungen.

Der »Weg der Einsicht« war das Geschenk von Marpas zweitem Hauptlehrer, dem heute weniger bekannten Maitripa. Er verwendet begriffsmäßige und ganzheitliche Mittel, um den Geist an einer Stelle zu halten und zu beruhigen, bis die Einheit von Erleber, Erlebtem und Erleben wahrgenommen wird und unmittelbare Einsicht entsteht. Eine Form der Meditation ohne Hilfsmittel, wo man »bloß« auf den Geist meditieren soll, wird von vielen Lehrern schon unmittelbar nach der Zuflucht angeboten, was ich für verkehrt halte. Obwohl er sich so einfach beschreiben läßt, erfordert auch dieser Weg umfassende Belehrungen und setzt eine richtige Betreuung sowie den gezielten Aufbau guter Eindrücke voraus. Vor allem darf der Geist nur so lange beruhigt bleiben, wie er auch völlig bewußt ist. Sonst kann das geistige Ergebnis statt der Leuchtkraft eines funkelnden Diamanten leicht beurteilendes Gedankenjagen oder eine dumpfe »Mattscheibe« sein. Aus diesem Grund wurden diese Belehrungen in Tibet nicht vor den Grundübungen gegeben. Tatsächlich ist das Beruhigen und Halten des Geistes ohne Hilfsmittel viel schwieriger und daher gefährlicher als das Kennenlernen von flammenumgebenen, vielarmigen, waffenhaltenden Schützern mit sehr langen Mantras.

Die Kraft von Maitripas Lehre liegt in ihrer vielfältigen Anwendbarkeit. Aufbauend auf einem ansonsten freundlichen Austausch mit der Umwelt, läßt sie sich auch ohne Zurückziehungen fließend in das tägliche Leben einfügen.

Der erste Teil des Weges der Einsicht, Shine (tib.) oder Shamatha (skt.) genannt, beruhigt und festigt den Geist. In verschiedenen Ausführungen ist diese Übung in allen Erfahrungsreligionen bekannt. Auch in den Glaubensreligionen wird die hier angestrebte Vertiefungsebene gelegentlich durch Beten erreicht. Sie ist die Quelle einer Art von übersinnlichen Fähigkeiten und Wundern[3]. Fast jedes Mittel läßt sich im Weg der Einsicht verwenden, um den Geist zu beruhigen und festzuhalten. Einige Schulen arbeiten mit bildhaften Vorstellungen, andere lieber nicht. Man kann z.B. beim langsamen Gehen oder auch beim Kauen seinen Geist beobachten. Am bekanntesten auf dem Kleinen Weg ist das Zählen der Atemzüge oder das Spüren des Luftstromes an der Nasenspitze. Im Großen Weg ruht man oft in starken guten Wünschen für alle Wesen oder in dem Verständnis von der gegenseitigen Bedingtheit und Leerheit aller Erscheinungen.

Auch die aufbauende Phase der Meditationen im Diamantweg ist eine Art von Shine: Hier ruht der Geist in der Vergegenwärtigung von Buddhaformen aus Licht und Energie, die seine eigenen Fähigkeiten widerspiegeln. Die durchsichtigen Buddhagestalten und ihre Kraftkreise zu erleben und Vertrauen in sie zu gewinnen hat tiefe Wirkung. Der Klang ihrer Schwingungen (skt.: Mantra, tib.: Ngag) und die Umformung der inneren und äußeren Welt in ihre Weisheiten und Reinen Länder arbeiten auf allen Ebenen des Geistes zugleich.

---

[3] Siehe auch Vers 24

Die zunehmende Erfahrung des Erlebers von seiner Klarheit, von Mitgefühl und Weisheit sowie von der Wonne und Dankbarkeit beim Verschmelzen mit dem Lama oder mit den Buddhaformen und beim Auflösen aller Form in den zeitlosen, uferlosen, aber alles wahrnehmenden Raum läßt früher oder später ein tiefes Gewahrsein entstehen. Diese unmittelbare Einsicht wird Vipashyana (skt.) oder Lhagtong (tib.) genannt und ist der zweite Teil von Maitripas Weg.

Zwischen den beschriebenen Wegen der Mittel und der Einsicht, beide segnend und verbindend, liegt der dritte Zugang zur Erleuchtung. Er arbeitet mit allen Eigenschaften des Geistes und setzt »begeisterte Einfühlung« – Begeisterungsfähigkeit und das tiefe Vertrauen in den Lehrer als Ausdruck der eigenen Möglichkeiten – voraus. Diese Meditationsweise wird vielleicht erst seit dem 16. Karmapa als eigener Weg gelehrt, und man wundert sich, daß dies nicht schon früher geschah. Guru Yoga (skt.) oder Lami Naljor (tib.) genannt, war sie schon immer die geheime Kraft der Kagyü-Linie und ist auch heute ein Eckpfeiler der neuen Karma Kagyü Gruppen im Westen. Die Meditationen auf den eigenen Lehrer und Karmapa als untrennbar helfen mehr Schülern, sich dem Segen der Linie zu öffnen, als irgendeine andere Übung. Hingabe muß jedoch unbedingt mit menschlicher Reife verbunden sein. Vertrauen zum Lehrer darf nicht zu Unselbständigkeit, Humorlosigkeit oder zwanghafter Nachahmung führen. Wie schädlich sich das auswirkt, verdeutlichen die häufigen Skandale bei den verschiedensten Sekten. Statt dessen soll der Lehrer geschickt dem Schüler den furchtlosen Raum erschließen, den er sich selbst erkämpft hat, und ihn selbständig machen. In der Freiheit voller spiegelnder Erfahrungen findet man die vollkommenen Eigenschaften, die dem Geist eines jeden schon immer innewohnen.

Die drei beschriebenen Wege sollen so früh wie möglich mit der Sichtweise des Großen Siegels verbunden werden. Erst die Einsicht, daß Erleber, Erlebtes und Erleben letztendlich eins sind, verwandelt jedes Geschehen in erleuchtende Erfahrung. Diese höchste Anschauung läßt jeden zugleich lebensnah und verantwortlich werden. Man sieht eher weit als kurz und erfüllt lieber wirkliche Bedürfnisse als vergängliche Wünsche der Wesen. Wer die Welt als den Fluß der eigenen und der gemeinsamen Träume sieht, der sie ist, kann nicht umhin, mit Mitgefühl zum Besten aller Wesen zu arbeiten. Ob also im Weg der Mittel das Erlebnis von Raum als Freude den Antrieb liefert, im Weg der Einsicht die Erfahrung von seiner uferlosen Einsicht entsteht oder im Weg der Begeisterung die Fähigkeit zur Hingabe und das Vertrauen in die eigene Buddhanatur die Grundlage sind – alle drei finden ihre Krönung in der Erleuchtung, der Frucht des Großen Siegels.

Seinen Ein-Schritt-Weg in das Mahamudra – so erklärte Künzig Shamarpa Mitte der achtziger Jahre – hat der 16. Karmapa wegen der »Verrücktheit der Zeiten« an niemanden weitergeben können. Der Vier-Stufen-Weg steht aber noch heute jedem offen, der sich die nötigen Voraussetzungen schafft. Auch wenn der 3. Karmapa diese Aufteilung in seinen Wünschen nicht verwendet, soll sie der Vollständigkeit halber hier kurz erwähnt werden.

Grundlage, Weg und Ziel verbindend, heißt die erste Ebene des Vier-Stufen-Weges »Einsgerichtetheit«. Damit ist gemeint, daß der Geist gerne in sich ruht. Er ist voll von guten Eindrücken, braucht nichts mehr von außen und muß daher nirgendwo anders hingehen.

Danach kommt die Stufe des »Ungekünsteltseins«. Hier hört man von selbst auf, Spiele zu spielen, etwas vorzugeben oder sich sinnlos zu verhalten. Da man sieht, wie einmalig alles an sich ist, fällt alles Unechte unter den Tisch.

Als dritte Ebene folgt der »Eine Geschmack«. Hier wird sich der Erleber seiner selbst hinter den Erlebnissen bewußt; der zeitlose Spiegel erkennt sich hinter den Bildern, die in ihm erscheinen. Auch wer nicht meditiert, erlebt mitunter diesen Zustand, wo Geist gleich strahlendem Raum ist. Das Streben so vieler Menschen nach spannenden Erlebnissen zeigt, wie wichtig und wahr selbstentstandene Freude ist. Von dieser Ebene an strahlt sie durch jede Erfahrung hindurch.

Der letzten Stufe mußte ein witziger Name »verpaßt« werden. Ein Zustand, dessen Wesen höchste Erfüllung ist, läßt sich nicht mit ernster Miene beschreiben. Diese Stufe heißt »Nicht-Meditation«, bedeutet aber eigentlich »Nicht-Anstrengung«, denn es muß nichts mehr erreicht werden. Hier wird die Kraft von zehntausend Volt in jeder Zelle des Körpers erfahren. Jenseits der üblichen Sinne nimmt man die Welt durch die Schwingung jedes Atoms wahr. So zum Buddha geworden, erlebt man keine Trennung in Raum und Zeit mehr als wirklich. Man handelt aus der Allwissenheit des Geistes heraus und nützt den Wesen im Hier und Jetzt dauerhaft. So wird alles sinnvoll. Alles ist das freie Spiel des Geistes. Jedes Wesen wird als ein Buddha erkannt, der es nur noch entdecken müßte, und die ganze Welt ist ein Reines Land. Das ist der Zustand der Buddhas und des Großen Siegels. Die folgenden fünfundzwanzig Verse über diese Erfahrung wurden vom 3. Karmapa Rangjung Dorje vor 700 Jahren verfaßt. Sie zeigen vollkommen klar den Geist und sind so frisch, als wären sie gerade geschrieben worden.

༄༅། །དེས་དོན་ཕྱག་རྒྱ་ཆེན་པོའི་སྨོན་ལམ་

ཞེས་བྱ་བ་རྗེ་རང་བྱུང་རྡོ་རྗེས་མཛད་པའོ། །

ཀྲ་མ་རྣམས་དང་ཡི་དམ་དཀྱིལ་འཁོར་ལྷ། །
Lamas und Buddhas der Yidam-Kraftkreise,

ཕྱོགས་བཅུ་དུས་གསུམ་རྒྱལ་བ་སྲས་དང་བཅས། །
Buddhas und Bodhisattvas der zehn Richtungen und drei Zeiten,

བདག་ལ་བརྩེར་དགོངས་བདག་གི་སྨོན་ལམ་རྣམས། །
denkt liebevoll an uns und gebt euren Segen,

ཇི་བཞིན་འགྲུབ་པའི་མཐུན་འགྱུར་བྱིན་བརླབས་མཛོད། །
damit sich unsere Wünsche so erfüllen, wie wir sie machen!

VERS 1

Wenn etwas wachsen soll, muß zunächst ein Feld vorhanden sein. Dann werden Samen, Sonne und Regen gebraucht. Erst ihr Zusammenkommen macht eine Ernte möglich. So ist es auch mit der Erleuchtung. Karmapa beginnt im ersten Vers sofort, das nötige Kraftfeld zusammenzustellen.

Alle Lehren Buddhas beginnen mit der Zufluchtnahme zur vollen Entfaltung des Geistes, deren Merkmale dem Leser schon am Anfang dieser erleuchtenden Wünsche bekannt sein sollten. Das Wissen ist notwendig, denn dieser Zustand ist das Ziel. Ohne die erste Sprosse der Leiter sind die weiteren von wenig Sinn. Woraus besteht die Zuflucht? Aus den »Drei Kostbaren und Seltenen«: dem Buddha, seiner Lehre, den Bodhisattvas – den Freunden auf dem Weg – und aus den »Drei Wurzeln« der Entwicklung: dem Lama, den Yidams und den Schützern.

Die **Buddhas** sind keine Götter, weder schöpfende noch richtende oder strafende, sondern einfach Freunde der Wesen. Da sie keine Trennung durch Zeit und Raum empfinden, sind sie allwissend und voll erleuchtet. Das Sanskritwort »Buddha« kommt von »Erwachen«. »Sangye«, die von den Tibetern gewählte Übersetzung, bedeutet: ohne jeden Schleier und voll entfaltet. Ein Buddha ist Halter eines Bewußtseinszustandes, der sich kurz durch drei Ebenen, vier Tatbereiche und fünf Weisheiten beschreiben läßt. Später im Text wird immer wieder auf diese Punkte eingegangen, die in meinem Buch »Wie die Dinge sind«ˣ näher erklärt sind. Deswegen hier eine eher stichpunktartige Darstellung.

Die drei Ebenen sind die der furchtlosen Wahrheit, die der selbstentstandenen Freude und die der langfristig sinnvollen Tat. Sie entstehen selbsttätig aus der Erfahrung vom Geist als unzerstörbarem Raum, als leuchtend klar und ohne jede Grenze. Daraus entwickeln sich die vier Tatbereiche. Je nach Möglichkeit befrieden, bereichern, begeistern oder schützen die Buddhas die Wesen. Sobald Störgefühle als schädlich erkannt werden und unausgelebt wieder im Raum versickern, entstehen an ihrer Stelle befreiende Einsichten. Mühelos entfaltet so ein erleuchteter Geist spiegelähnliche, ausgleichende, unterscheidende, erfahrungsmäßige und allesdurchdringende Weisheiten.

Buddhas Lehre ist von ihm untrennbar, sie ist sein Lebenswerk. Ihre vielseitigen Hilfsmittel – 84'000 Belehrungen in 108 zolldicken Büchern – führen seit 2550 Jahren die Wesen zur vollen Entfaltung ihrer Fähigkeiten. Die riesige Weite der Lehre muß hier keinen verschrecken. Man soll nur das annehmen, was einem entspricht, aber ein gutes Restaurant hat eben eine lange Speisekarte!

Ein **Bodhisattva** zu werden ist das vorläufige Ziel des nördlichen Buddhismus. Da auf dieser Einsichtsstufe die Wahnvorstellung von einem wirklichen »Selbst« aufgelöst ist, nicht jedoch der Schleier der einengenden Vorstellungen, können sie zwar Fehler machen, aber nicht mehr herunterfallen. Bodhisattvas nützen mit wachsender Fähigkeit den Wesen, während sie sich selbst weiterentwickeln. Sie drücken die reichen Eigenschaften von Kraft, Weisheit und Liebe aus und helfen dadurch anderen.

Die Anrufung der **Lamas und Yidam-Kraftkreise** zeigt, daß Karmapa mehr will als eine nur wörtliche Vermittlung.

Es handelt sich in diesem Fall um einen Diamantwegstext. Alle buddhistischen Schulen verwenden die äußere Zuflucht der eben erwähnten Drei Kostbaren und Seltenen. Auf Sanskrit heißt sie »Buddha, Dharma und Sangha«. Hier geht es jedoch um die letztendliche Erfahrung des Großen Siegels, um die Arbeit mit allen Ebenen von Körper, Rede und Geist. Dafür wird eine hautnahe Zuflucht gebraucht, die »Drei Wurzeln« einer unmittelbaren Verwirklichung. Sie werden »Lama« oder »Lama, Yidam und Schützer« genannt und geben einer schnellen ganzheitlichen Entwicklung den nötigen Schub. Schon am Anfang ruft Karmapa Rangjung Dorje also die wirksamsten Kräfte für seine Leser herbei.

Wie sind die Drei Wurzeln zu verstehen? Weil Wahrheit innen und außen dieselbe ist, können auch sie niemals etwas anderes sein als besonders nützliche Spiegel für den eigenen Geist.

Vom Lehrer – dem **Lama** – erhält man das, was Segen genannt wird: innere Wärme und das Vertrauen, daß das Ziel erreichbar ist. Er hat entweder unerschütterliche Kraft erlangt oder kann auf andere Weise durch sein Beispiel die Zuflucht vertreten. Als »Wurzel der Verwirklichung« ist er – wie auch die Gruppen, die seine Übertragung halten – auf einem schnellen Entwicklungsweg unentbehrlich. Laufen lernen kann jeder selbst, aber fürs Fliegen braucht man einen Lehrer. Obwohl oft gesagt wird, daß man die Eigenschaften seines Lamas übernimmt, wird man im Buddhismus – und vor allem mit den immer neuen und frischmachenden Mitteln des Diamantweges – niemals dessen bloße Kopie. Natürlich haben Lehrer und Schüler schon grundlegende Ähnlichkeiten und gehen deswegen die Verbindung ein, aber an keinem Kurzen wird gezogen und kein Langer wird zusammengedrückt, um einem vorgegebenen Maß zu entsprechen. Das Sinnbild vom Eintreten in den freudvollen Spiegelsaal, den der Lehrer durch seine Furchtlosigkeit geschaffen hat, ist viel zutreffender. In seinem Kraftkreis entdeckt man die einem selbst innewohnenden Fähigkeiten am überzeugendsten[4].

Yidam bezeichnet höchst wirksame Mittel zur unmittelbaren Erfahrung des Geistes. Fast jeder kennt die farbenprächtigen Buddhaformen, die friedvoll oder schützend, weiblich wie männlich, einzeln oder vereinigt als hologrammähnliche Gestalten aus Energie und Licht erscheinen. Sie spiegeln die einem jeden innewohnenden erleuchteten Eigenschaften von Körper, Rede und Geist so wider, daß man sie leicht verwirklichen kann. Die Einstellung des Großen Siegels sowie die Verschmelzung mit den Lichtbuddhas führen bei jeder Beschäftigung mit ihnen zu überpersönlichen Rückkopplungserfahrungen, wie wenn man das eigene Gesicht durch jeden Blick in einen Spiegel besser kennenlernt. Ganzheitlichere Mittel zur Verwirklichung von Mut, Freude, Mitgefühl und Weisheit gibt es nicht. Eigentlich drückt schon ihr tibetischer Name alles aus: »Yi« bedeutet »Geist« und »Dam« heißt »Band«. Diese Übertragungen ermöglichen die Verbindung unseres Geistes mit seiner Buddhanatur.

Alle Befreiten und Erleuchteten sind ständig von **Kraftkreisen** (skt.: Mandala, tib.: Kyilkhor) umgeben. Auf Abbildungen von Yidams werden sie häufig wie ein Grundriß eines Gebäudes abgebildet, entweder gemalt oder mit gefärbtem Sand gestreut. Dies sind ihre wunscherfüllenden Lichtpaläste. Als Ausdruck der 32 vollkommenen Eigenschaften, die sich ab der Befreiung zeigen und bei der Erleuchtung zur vollen Blüte kommen, verdichten sie sich um sie herum. Drücken die Buddhas friedvolle Geistesinhalte

---

[4] siehe auch Vers 4

30

aus, sind ihre Lichthäuser viereckig und aus regenbogenfarbigen Wänden. Zeigen sie sich aber kraftvoll, erscheinen diese dunkler und dreieckig. Sie alle sind ihrem Wesen nach rein, durchsichtig und von kraftvollen Schützern umgeben.

Kein Buddha ist jemals ohne diese Lichtfelder, auch wenn sie selten auf den Rollbildern (tib.: Thangka) abgebildet oder in den Texten erwähnt werden. Ihre Kraft auch nur kurzfristig und teilweise mitzubekommen, ist unvergeßlich und verändert das Leben.

Nichts läuft jedoch ohne die Schützer, die Geber der Tatkraft. In dieser Anrufung werden sie nicht erwähnt, sondern durch das gesamte Kraftfeld ausgedrückt. Hannah und ich hatten sie in der ersten Übersetzung[5] hinzugefügt. Sie sind vom Lama untrennbar und daher selbstverständlich immer dabei. Blitzschnell eingreifend, schützen sie die Wesen wirksam. Trotz ihrer wilden Erscheinung sind alle Gestalten, die in ihrer Stirn ein zusätzliches, senkrechtes Weisheitsauge tragen, ganz ohne Störgefühle. Es gibt bei ihnen weder Widerwillen noch Zorn. Sie drücken sich so kraftvoll aus, um die Wesen von ihren Schwierigkeiten zu befreien. Im Gegensatz zu unerleuchteten Kraftfeldern vertagen sie leidvolle karmische Erfahrungen nicht, sondern sind fähig, deren Ursachen weitgehend zu beheben. Deswegen heißen sie auf tibetisch »Yeshe Gönpo«, Schützer aus höchster Weisheit. Im Innenleben der Wesen entfernen diese Schützer Leiden, durch deren Bewältigung sie nichts dazugelernt hätten. Gleichzeitig sorgen sie dafür, daß immer nur so viel Schwieriges aus dem Speicherbewußtsein hochkommt, wie man verkraften und in seinen Weg einbauen kann. Nach außen hin wirken die Schützer oft sehr offensichtlich: Sie halten Unfälle und andere entwicklungsbehindernde Ereignisse fern oder schwächen sie ab.

[5] Lama Ole Nydahl, Mahamudra. Joy Verlag, Sulzberg, 1988.

Alle angerufenen Erleuchtungskräfte – die ganze Zuflucht überhaupt – arbeiten so. Sie sind wie Haken, die in die bedingte Welt hineinreichen und einem jeden helfen, der sich ihnen öffnet. Daß sie überall tätig sind, wird bildhaft durch **die zehn Richtungen** – Zenit, Nadir sowie Haupt- und Nebenkompaßrichtungen – ausgedrückt, und daß sie jederzeit helfen, durch **die drei Zeiten**, einen häufig verwendeten Sammelbegriff für Vergangenheit, Gegenwart und Zukunft.

Was einen idealistischen Westler befremden mag, auch wenn er selbst oft erst nach vielen Überlegungen Vertrauen zur Wahrheitsnatur seines Geistes und zum Lehrer gewonnen hat, ist Karmapas letzter Wunsch, daß die Zuflucht auch alles richtig ausführen möge.

Es muß ein Zugeständnis an die Vorstellungswelt seiner häufig unausgebildeten Schüler gewesen sein, die auch vor 700 Jahren mit abstrakten Vorstellungen wenig anfangen konnten. Ist keine überpersönliche Sicht vorhanden, kein echtes Verständnis von Ursache und Wirkung – Karma, wird vergängliches Glück wie Leid als sehr wirklich und von äußeren Kräften herrührend erlebt. Entsprechend sucht man Schutz vor dem Unberechenbaren. Ein solcher Wunsch läßt die Leute weniger tückische Seitenhiebe erwarten, und so können sie sich vertrauensvoller einer noch undurchschaubaren Welt öffnen.

Der gesamte erste Vers ist also ein Einstieg. Zum Besten seiner Schüler holt Karmapa die ganze Erleuchtung an seine Seite. So schützt er den Boden für das folgende Wachstum.

Der historische Buddha Shakyamuni

བདག་དང་མཐའ་ཡས་སེམས་ཅན་ཐམས་ཅད་ཏེ།

Entsprungen vom Schneeberg des vollkommen reinen Denkens und Handelns,

བསམ་སྦྱོར་རྣམ་དག་གངས་རི་ལས་སྐྱེས་པའི།

möge das vom Schlamm der drei Vorstellungen freie Schmelzwasser aller nützlichen Taten

འཁོར་གསུམ་རྟོག་མེད་དགེ་ཆགས་ཆུ་རྒྱུན་རྣམས།

meiner selbst und der zahllosen Wesen

རྒྱལ་བ་སྐུ་བཞིའི་རྒྱ་མཚོར་འཇུག་གྱུར་ཅིག།

in das Meer der vier Buddha-Zustände münden!

Vers 2

Nach Huldigung, Zuflucht und Anrufung kommen nun verständliche Naturbilder, die einen erfreuen, aber auch wachrütteln. Der Vers drückt den Wunsch aus, **daß das Schmelzwasser vom Schneeberg des reinen Denkens und Handelns** aller Wesen ungestört ins **Meer der vier Buddha-Zustände** fließen möge.

Die lauernden Gauner auf dem Weg sind aber auch keine Schwächlinge. Sie sind die Verursacher des Leids schlechthin. Die **drei Vorstellungen** sind es, die seit anfangsloser Zeit dem an sich immer freien und zeitlos glücklichen Geist die Wahnvorstellung anhängen, in *Erleber, Erlebtes und Erleben* gespalten zu sein. Sie verursachen jede Erfahrung von Trennung und Unsicherheit. Der Erfolg eines Lebens hängt davon ab, in welchem Maße man es schafft, sie aufzulösen.

Ihr Ursprung ist die Neigung des unerleuchteten Geistes, sich wie ein Auge zu verhalten. Er erfährt das Erlebte, nicht aber sich selbst, und erkennt deshalb seinen allumfassenden Raum nicht. Die Unfähigkeit zu verstehen, daß dieser an sich bewußt ist, läßt alle Schwierigkeiten entstehen. Obwohl weder im Körper noch in den Gedanken etwas Dauerhaftes oder wirklich Vorhandenes aufzufinden ist, erfährt sich der erlebende Raum aus Unwissenheit als ein *Ich*. Dadurch wird seine Klarheit – alles, was der Geist innerlich wie äußerlich hervorbringt und was eigentlich seinen Reichtum ausmacht – zu einem *Du* oder etwas »von mir Getrenntem«. Die Ergeb-

nisse davon sind für wahr gehaltene Störgefühle. Die daraus
entstehenden klotzigen Taten und Worte bewirken unangenehme Rückkopplungserfahrungen von innen wie von
außen und stärken die Neigung zu weiterem leidbringenden
Verhalten. Obwohl in ständiger Bewegung, an sich nicht
greifbar und höchstens als erhöhter Adrenalinspiegel feststellbar, werden die Störgefühle dennoch als wirklich erlebt.

Aufgrund der Dreiteilung von Erleber, Erlebtem und Erleben die Ganzheit nicht zu erfahren, ist also keine Kleinig-
keit. Obwohl man selten ein Wort wie »**Schlamm**« aus dem
Munde eines Erleuchteten hört, handelt es sich hier eher um
eine notwendige Untertreibung. Wenn der Geist über riesige
Kraft verfügt, ist Freundlichkeit angesagt, sonst geht zuviel
kaputt. Wer Handfeuerwaffen hat, kann Kriege führen, aber
wer Atombomben besitzt, muß friedlich sein. In Dänemark
sagt man: Kleine Hunde bellen, große brauchen das nicht.
Das stärkste, was z.B. der 16. Karmapa in Hannahs und meiner Nähe jemals sagte, war: »You must be careful!« Sein Rat
ist deshalb, einfach ausgedrückt, sich ständig die grundlegende Freiheit des Geistes zu vergegenwärtigen. Vor jedem
Eintauchen in die begrenzte Sicht der drei Vorstellungen
sowie bei jedem einengenden *Entweder-oder*, das daraus
entsteht, sollte man sich gründlich bewußt machen, ob man
es tatsächlich will und überhaupt braucht.

Nun zu den **vier Buddha-Zuständen**. Damit spätere
Verse verständlicher sind, gibt Karmapa schon hier das nötige Werkzeug für die Befreiung.

Der Urgrund einer vollen Entfaltung des Geistes – hier als
Meer versinnbildlicht – ist der *Wahrheitszustand*. Er wird
auch Dharmakaya (skt.) oder Chöku (tib.) genannt. Hier
ist Raum gleich Einsicht. Er ist weder ein unbewußtes
»Schwarzes Loch« oder etwas »Fehlendes« noch ein toter

Abstand zwischen den Dingen. Eher ist Raum als ein Behälter zu sehen, der alles hervorbringt, umfaßt und verbindet. Wie groß Entfernungen auch sein mögen: Es gibt immer viel mehr Platz hinter den Dingen als zwischen ihnen.

Wahrheit durchdringt alles – das Schwingen eines jeden Moleküls, das Zusammenkommen und Auseinanderfallen, das Geborenwerden wie auch das Sterben. Bloß weil Ursache und Wirkung am Werk sind, ist etwas wahr. Ob es den Unselbständigen gefällt oder nicht, brauchen Erscheinung wie Verfall weder einen Schöpfer noch irgendeine Bestätigung von woanders. Zu der unmittelbaren Einsicht, die sich mit dieser Erkenntnis entfaltet, gesellt sich auch die Grundlage aller edlen Eigenschaften: Furchtlosigkeit. Diese entsteht von selbst, wenn der Geist versteht, daß er Raum ist und deshalb unzerstörbar.

Die Vielseitigkeit des Raumes, sein freies Spiel und seine ständige Frische heißen der *Freudenzustand* (skt.: Sambhogakaya oder tib.: Longku). Es geschieht immer etwas, Äußeres und Inneres wechseln sich ständig ab. Das bewußt zu erleben ist höchstes Glück. Man erfährt diesen zweiten Buddha-Zustand, wenn der Geist von der Ebene der Furchtlosigkeit aus seinen Reichtum an Möglichkeiten beschaut und einsieht, wie kraftvoll und fähig er ist. Die daraus entstehende höchste Freude braucht keine andere Ursache. Sie ist letztendlich wie der Spiegel und das Meer, nicht bedingt wie ihre Bilder und Wellen, und erscheint deswegen gerade dann, wenn nichts erhofft oder befürchtet wird. Diese ständige, von selbst aus dem Geist hervorsprudelnde Raum-Freude ist ununterbrochen vorhanden.

Zur Einsicht in die Leerheit und gegenseitige Bedingtheit aller Dinge und zu dem erlebten Überschuß an Freude durch die Klarheit des Geistes gesellt sich als dritter Reichtum der *Ausstrahlungszustand* (skt.: Nirmanakaya, tib.: Tulku). Auch er hat keine andere Ursache als den Geist. Er beruht auf der Erfahrung, daß der Erleber seinem Wesen nach ungehindert ist. Obgleich die Begabungen von Menschen reichlich Unterschiede aufweisen, wünscht letztlich jeder Glück, und alle teilen denselben Raum. Wenn das verstanden wird, muß man den Wesen einfach langfristig nützen. Der Fluß von liebevollen Taten, die vor allem auf die Ursachen der Leiden zielen, entspringt der Unbegrenztheit des Geistes und drückt sich durch die vier sogenannten Buddhataten aus. Ob man diese als anerkannte Wiedergeburt eines früheren buddhistischen Lehrers ausübt, wie Karmapa und auch viele im Westen noch Unbekannte, oder allgemein als Mensch und Idealist, gelingt die Arbeit niemals ohne Vorausschau, einen klaren Kopf und echte Lebenserfahrung.

Wahrheit, Erfahrung und Tat – was könnte noch dazukommen? Ihre Ergänzung – das Letztendliche. Wenn Raum als Wissen mit dem Wasserdampf verglichen wird, der unsichtbar überall ist, Raum als Klarheit mit den Wolken, die sich daraus bilden und spielerisch vorbeiziehen, und Raum als sinnvolle Tat mit dem Regen, der alles wachsen läßt: Trotz der Unterschiede in ihrer Erscheinung sind sie alle Wasser – H_2O. Dies ist der *Wesenszustand, Svabhavikakaya* (skt.) oder *Ngowonyigiku* (tib.) genannt. Alle zusammen sind Merkmale eines vollkommenen, arbeitenden Geistes.

DIE VIER BUDDHA-ZUSTÄNDE

Zustand	Wahrheits-zustand	Freudenzustand	Ausstrahlungs-zustand	Wesenszustand
Sanskrit	Dharmakaya	Sambhogakaya	Nirmanakaya	Svabhavikakaya
Tibetisch	Chöku	Longku	Tulku	Ngowonyigiku
Verwirklichung	Furchtlosigkeit	Freude	Liebe	Gleichmut
Sicht	Zeitloser Raum	Spielerische Vielfalt	Unbegrenztheit	Einssein aller Erscheinung
Erfahrung	Unmittelbare Einsicht	Selbstentstan-dene Freude	Sinnvolle Tat	Müheloses Verweilen
Vergleich	Wasserdampf	Wolken	Regen	Wasser

ཇི་སྲིད་དེ་མ་ཐོབ་པ་དེ་སྲིད་དུ། །

Mögen wir, solange dies nicht erreicht ist,

སྐྱེ་དང་སྐྱེ་བ་ཚེ་རབས་ཀུན་ཏུ་ཡང་། །

in diesem und in allen zukünftigen Leben

སྡིག་དང་སྡུག་བསྔལ་སྒྲ་ཡང་མི་གྲག་ཅིང་། །

nicht einmal die Worte »schlecht« und »Leid« hören,

བདེ་དགེ་རྒྱ་མཚོའི་དཔལ་ལ་སྤྱོད་པར་ཤོག །

sondern strahlende Meere von Freude und Güte erleben!

VERS 3

In diesem Vers steht das meiste zwischen den Zeilen. Er erscheint zuerst recht östlich angehaucht und liegt der Augen-zu-und-durch-Einstellung des nordeuropäischen Heldentums fern. In Asien kam keiner auf die Idee, die höchsten Berge zu besteigen, um zu sehen, ob man das kann oder wie es sich anfühlt. Die Gesellschaften bevorzugen die braven, angepaßten Verhaltensweisen, bei denen sich den Westlern oft vor Peinlichkeit die Zehen krümmen. Erst jetzt versuchen einige Ostasiaten von sich aus den westlichen Weg des Wachstums durch Grenzerfahrungen, und die Kulturen nähern sich an. Wie groß die Unterschiede aber geblieben sind, zeigt das Unverständnis unserer Welt einer sehr ernst gemeinten chinesischen Verwünschung gegenüber: »Mögest Du in interessanten Zeiten leben!« Das wären für uns Zeiten des Umbruchs, der äußere Rahmen eines möglicherweise sehr erfüllten Lebens.

Der 3. Karmapa scheint mit seinen Worten zunächst dieser Neigung zu einer stillen, geordneten Welt entgegenzukommen, was einem gezähmten Zentraltibeter vielleicht entsprochen hätte, nicht aber einem osttibetischen Krieger: Er rät nicht, das eigene Gesicht durch das Sprengen aller Grenzen und Vorstellungen im Schnellverfahren zu erkennen, sondern sein Wunsch ist anscheinend die geschützte Ebene eines steten Wachstums – ein Zustand ohne Schwierigkeiten.

Hat man keine Erfahrung mit der Verwirklicher-Ebene der Freude und Kraft, der seine Worte entspringen, hören sie sich, leicht nach Vermeidung und Lebensflucht an. Das stimmt aber an dieser Stelle keineswegs. Karmapa zeigt hier auf Zustände, die jenseits von Kulturen liegen, die ohne Einengung durch Zeit oder Ort dem Geist innewohnen. Es geht bei seinen Worten um das Große Siegel, um Mahamudra. Ganz jenseits von der Vorstellung, weglaufen oder sich vor dem Leben verstecken zu wollen, zeigt der Vers auf die alle Begriffe auflösende uferlose Freude und Freiheit des Geistes selbst. Er soll dem Leser das Letztendliche hinter dem Bedingten zeigen und eine erste Ahnung vermitteln von der riesigen Strahlkraft des Spiegels hinter seinen Bildern. Wer die zeitlose Leuchtkraft des Erlebers erfährt, kann sich sowieso wenig über **schlecht** und **Leid** aufregen. Er sieht sie als bloße Mißverständnisse und schneidet ihre Ursachen augenblicklich durch.

Wie entsteht Unangenehmes überhaupt? Aus Karma (tib.: Lä) – Ursache und Wirkung. Alles, was geschieht, entspricht den eigenen gespeicherten Geisteseindrücken. Saure Menschen begegnen anderen schwierigen Fällen, und spaßvolle Menschen geraten leicht in gleichgesinnte Gesellschaft. Man zieht das an, was man selbst in die Welt strahlt, und Himmel und Hölle geschehen zwischen den eigenen Ohren, Rippen oder wo man sonst sein Bewußtsein vermutet. Wie wild das äußere wie innere Disneyland auch walten mag: der Erleber ändert sich dabei nicht. Der leuchtende Raum, der die Erfahrungen ermöglicht, sowie seine Klarheit, die alles geschehen läßt, bleiben immer unverändert. Wer den Erleber in seiner Ganzheit erfährt und nicht nur dessen Worte und Vorstellungen, wird ihn zusätzlich als unbegrenzt erkennen. Unterhalb der Wellen ist schon immer das uferlose Meer.[6]

[6] Siehe auch Vers 2

Zu Beginn der Mahamudra-Ebenen wächst die Gewißheit, daß das so ist. Man weiß jetzt sicher, daß es einen unzerstörbaren Erleber gibt. Von der Stufe des »Einen Geschmacks« an reißt diese Erfahrung durch kein Erlebnis mehr ab. Aus diesem Grund ist es hier kein Drückebergertum, wenn man nur Schönes sieht. Karmapa versucht nicht, die Wesen vom Leben und Lernen abzuschotten, indem er ihnen strahlende **Meere von Freude und Güte** wünscht. Glück und Erfüllung besitzen einfach einen höheren Wahrheitsgehalt als Schlechtes und Leid und sind eine sichere Voraussetzung für die Erleuchtung. In keiner Weise fad, sind solche Überschußgefühle Ausdruck eines Zustands von wachsendem Reichtum, aus dem heraus man – ohne die Tatkraft im eigenen Leben zu verlieren – seine befreiende Sicht immer wirksamer für andere einsetzen wird. Während die gewohnheitsmäßigen Schleier sich auflösen, wird man immer genauer sehen, was langfristig anliegt, und kann entschlossener handeln.

Diese reine Sicht bedeutet also nicht, vor Auseinandersetzungen zu kneifen, sondern genau und ohne Störgefühle das durchzusetzen, was für die Wesen langfristig gut und richtig ist. Man muß das tun, auch wenn es hochgekrempelte Ärmel erfordert oder politisch Korrekte stören mag. Künftiges Leid wegen unklarer Feingeistigkeit oder fehlenden Mutes nicht zu verhindern, ist ein wirklicher Vertrauensbruch. Versäumte Gelegenheiten der Richtigstellung kommen vielleicht nicht wieder. Eine andere, auch eher moderne Schwäche ist das mißverstandene Helferbedürfnis, mit blutendem Herzen Leiden zu weit außerhalb des eigenen Kraftkreises beheben zu wollen. Für das eigene Gewissen mag es kurzfristig beruhigend sein, multikulturelle Traumschlösser auf Kosten der Gesellschaft zu bauen, dann aber folgen die Enttäuschungen. Meistens behandeln die Gäste weiterhin ihre Frauen schlecht, schwängern sie ständig und fassen die Freundlichkeit ihrer Gastgeber als Schwäche auf. Zu spät entdeckt man, daß man den Leuten besser im eigenen Land mit einer wirksamen Geburtenbegrenzung geholfen hätte.

Auch mit den besten Absichten, den Wesen zu helfen, sollte man also bei dem bleiben, was vor der Nase liegt. Wer in seiner Mitte ruht, hier und jetzt, wird erfahrungsgemäß richtig handeln, wenn eine Lage reif ist. Im Gegensatz zu den Glaubensreligionen hat im Buddhismus das Leid keine Heldenrolle. Es ist einfach ein Zeichen, daß man Fehler gemacht hat. Was man für andere durchsteht, fühlt sich auch nicht leidvoll an. Es ist Erfüllung und Freude.

Das Beste und einzig Zeitlose, was man der Welt schenken kann, ist sowieso die Gewißheit, daß *höchste Freude gleich höchster Wahrheit* ist. Schafft man es zusätzlich, die Wesen geschickt auf Ursache und Wirkung aufmerksam zu machen, gibt man ihnen damit den Schlüssel zu wahrem Glück. Die Einsicht, daß man aus einem guten Traum in Befreiung und Erleuchtung aufwachen kann, während Schlechtes nur zu zusätzlichen Schwierigkeiten führt, verbindet auf begabte Weise Bedingtes mit Letzendlichem!

Saraha

དལ་འབྱོར་མཆོག་ཐོབ་དང་བརྟེན་ཤེས་རབ་ལྡན། །

Da wir hervorragende Freiheiten und Möglichkeiten
erlangt haben, sowie Vertrauen, Fleiß und Wissen,

བཤེས་གཉེན་བཟང་བསྟེན་གདམས་པའི་བཅུད་ཐོབ་ནས། །

nachdem wir uns auf einen geistigen Lehrer gestützt und
seine wichtigsten Belehrungen erhalten haben,

ཚུལ་བཞིན་བསྒྲུབ་ལ་བར་ཆད་མ་མཆིས་པར། །

mögen wir diese ohne Hindernisse entsprechend
verwirklichen

ཚེ་རབས་ཀུན་ཏུ་དམ་ཆོས་སྤྱོད་པར་ཤོག། །

und in allen Lebenszeiten die edle Lehre verwenden!

VERS 4

Der Stoff dieses Verses wirkt auf den ersten Blick etwas bieder und bringt wenige Herzen zum Rasen. Dafür enthält er wichtiges buddhistisches Grundwissen über das kostbare Menschenleben, das bis heute jede Diamantweg-Übung einleitet. Zerstreuungen und Gewohnheiten sind stark, und ein Leben fließt leicht ungenutzt dahin. Nur wer sich als Gegenmittel häufig seine Freiheiten und Möglichkeiten bewußt macht, wird diese richtig ausnutzen können. Nun zu den von Karmapa genannten Punkten.

Was beinhaltet die erste Aussage zu unseren gegenwärtigen Umständen? Sie unterstreicht, daß man eine Lebenslage erreicht hat, die sinnvolles Wachstum bis zur Erleuchtung ermöglicht. Man ist im Besitz der nötigen Bedingungen, um nicht nur älter zu werden wie jeder Mensch, sondern auch klüger. Das ist nicht selbstverständlich.

Heute leben schon 85% der Menschheit unter Verhältnissen, die ihnen von den äußeren Gegebenheiten her kaum Möglichkeiten zur geistigen Entfaltung bieten. Auch in den reichen, freien Ländern finden es die meisten ganz natürlich, dreizehn bis zwanzig Jahre in Schulen und Unis zu verbringen, nur um während der nächsten dreißig bis vierzig Jahre etwas mehr Geld zu verdienen, was sie am Ende ohnehin nicht mit sich nehmen können. Äußerst wenige kommen dabei dem einzig dauerhaft Glückbringenden auf die Spur, das seit anfangsloser Zeit einem jeden Wesen möglich ist:

der Erfahrung vom eigenen Geist. Die gegebenen Bedingungen zu nutzen, um Werte zu finden, die einen durch Krankheit, Alter und Tod tragen können, macht ein kostbares Leben aus.

Das hier angeratene **Vertrauen** bedeutet nicht, sich einem Zwang zu unterstellen, die Augen vor den Tatsachen zu verschließen oder Dogmen »quer zu schlucken«. Der Buddhismus ist eine Erfahrungs- und keine Glaubensreligion. Buddha wollte keine Anhänger sondern Kollegen. Buddhist zu sein heißt, sich mit jahrtausendealten, wirksamen Meditationen unter Freunden selbständig zu entwickeln, bis wirkliche Erfahrungen vom Geist entstehen. Man kann sich tatsächlich den ganzen Weg bis in die Erleuchtung zweifeln, wenn man nur so klug ist, nicht ständig dasselbe zu bezweifeln, sondern jede gelöste Frage an die vorhergehende reiht, bis man ins Ziel kommt. Selbstverständlich ist der Weg aber viel schneller, wenn man zusätzlich auf die geprüften Erfahrungen anderer bauen kann. Wenn die Mittel und Ziele grundlegend überzeugen, kann der Verwirklicher seine Antennen ausfahren und mit aller Offenheit in neue, spannende Bereiche des grenzenlosen Geistes hineinspringen.

Mit **Fleiß** ist hier die Freude am Tun gemeint, ein grundlegend gutes Gefühl bei der Ausdehnung aus dem angenehmen Bereich des schon Beherrschten in den kühlen, aber unbegrenzten Raum des auch Möglichen. Es ist die Freude, daß sich etwas bewegt und entfaltet, daß die Welt größer wird. Von allen erworbenen Eigenschaften wird die Ebene der Tatkraft besonders ausgeprägt von einem Leben ins nächste mitgebracht. Wer sich heute also »cool« vor allem mit dem mißt, was er nicht kann oder mag, findet leicht eine unnütze Wiedergeburt.

Wissen bedeutet bei der heutigen Flut von gemischten Auskünften aller Art vor allem die Fähigkeit zu unterscheiden. Man muß sich bewußt sein, aus welcher Ecke etwas kommt, wer einem etwas verkaufen will, wie das Umfeld und die Vorgeschichte einer Sache sind und ob man sie überhaupt wünscht. Es geht hier um ein klares Wissen von dem, was unter keinen Umständen vermischt werden darf, weil die Wege und Ziele verschieden sind oder weil ähnliche Bezeichnungen für Verschiedenes verwendet werden bzw. umgekehrt. Vor allem im Bereich der spirituellen Angebote herrscht hier dickste Verwirrung, wie es bei angeblich erleuchteten Lehrern und in der New Age Bewegung so sichtbar wird. Obwohl kritisches Denken unerläßlich ist, ebenso wie die ehrliche Geistesfrische, auch bei Religionen über Komisches und Gestelztes frei lachen zu können, muß der Buddhist hier glücklicherweise nicht im Sinne von »gut« und »böse« werten.

Und der **geistige Lehrer** – in unserer Zeit der oft steinreichen Gurus und ihrer Skandale? Wie ist dieser Rat zu verstehen? Er kommt aus einer Kultur, die dem Lehrer klar umrissene Aufgaben zuteilte. Im Osten paßten – wenigstens früher – Kollegen, Wettbewerber oder der eigene Lehrer auf, daß er nur selten mit unverstandenen Ritualen, Schmeicheln, exotischem Verhalten, Angstmacherei zur Einschüchterung seines Umfeldes und dem Füllen der eigenen Taschen ohne wirkliche Gegenleistung davonkam. In der großen Welt Fehler zu vermeiden, erweist sich aber auch beim vorauszusetzenden besten Willen als gar nicht leicht, wie es zur Zeit selbst höchste Karma Kagyü Lamas unter dem Druck der Chinesen so peinlich vorführen. Sogar Lehrer, denen eine überpersönliche, alles befreiende Sicht nachgesagt wird, können auf praktischer Ebene offensichtlich jede Menge Fehler begehen. Deswegen bleiben westliche Werte wie Lebenserfahrung und mutige Auflehnung so wichtig. Jeder sollte selbständig denken und mit seinen Handlungen dazu stehen. Tatsächlich kann ein Lama, der langfristig und mit Liebe arbeitet, Buddhas Lehre versteht und dasselbe sagt und tut, anderen unendlich viel Gutes bringen. Das ist zumindest Karmapas Sichtweise. Der Lehrer ist die Voraussetzung für eine schnelle Entwicklung im Diamantweg, und bis heute hat sich trotz aller Skandale auch im Westen die gesunde Einstellung eingependelt, daß seine Stellung zu erhalten ist. Man muß aber jeden einzelnen zunächst genau prüfen.

Weil der geistige Lehrer nirgendwo später in diesen Versen auftaucht, hier noch etwas zur Erfahrungsgrundlage des 3. Karmapa und seiner Zeit. Ohne eine solche Beschreibung wird der Text leicht unverständlich oder bleibt märchenhaft. Es muß schon eine bewußte Entscheidung Karmapas sein, den Lama ohne Wenn und Aber zu erwähnen. Vor 700 Jahren, als diese Wünsche geschrieben wurden, waren die zwischenmenschlichen Verhaltensweisen keineswegs so verschieden von den heutigen: Obwohl der äußere Rahmen karg und einfach war, gab es z.B. genug Gauner in Roben[7]. Tibets Geschichte ist voll von geistigen Würdenträgern, die sicher als Ausgleich für die fehlenden Nachtfreuden einen starken Stolz entwickelten und die Hingabe ihrer Schüler politisch ausnutzten. Erst wenn eine hohe menschliche Reife und Verwirklichung des Lehrers dahinter steht und ein waches öffentliches Auge beobachtet, ist der Schüler ausreichend geschützt.

Es ist keineswegs einfach. Geht man ein Verhältnis zum Lehrer auf der Grundlage der äußeren Gelübde der Mönche und Nonnen ein, wo er oder sie kaum etwas dürfen, ist man

---

[7] Tomek Lehnert, Rogues in Robes. Blue Dolphin Publishing, Nevada City CA, 1998

sicherer. Das bietet aber einen sehr schmalen Rahmen für den Austausch und hat dadurch wenig Kraft.

Baut man die Verbindung auf das Bodhisattva-Gelübde der Laien auf, darauf, daß der Lama zum Besten aller Wesen hart, begabt und selbstlos arbeitet, ist die Ebene der Begegnung viel breiter. Es steht mehr Werkzeug zur Verfügung. Der Austausch mit anderen in diesem Rahmen ist sehr entwicklungsfördernd, und das Wissen über die Leerheit und gegenseitige Bedingtheit aller Dinge gibt eine riesige Bandbreite.

Am kraftvollsten und schnellsten bei der Umformung der Erfahrungswelt der Schüler ist der Diamantweg. Als Verwirklicher hat der Lehrer hier eine riesige Verantwortung. Die leider häufigen Skandale und das begrenzte allgemeine Wissen über das vielschichtige Lehrer-Schüler-Verhältnis machen eine genauere Beschreibung sinnvoll. Der beste Rohstoff für eine schnelle menschliche Entwicklung war schon immer die Begeisterung. Nur sie bringt die Kraft für große Durchbrüche und deshalb muß bei der Wahl des Lehrers im Diamantweg, wozu das Große Siegel gehört, vor allem das Bauchgefühl stimmen. Bis sich ein steter Zustand der Freude und Sicherheit festigt und die kleiner und seltener werdenden Aufs und Nieders zu einem Teil des Weges geworden sind, ist Hingabe die stärkste Antriebskraft für geistiges Wachstum. Da man dabei bekanntermaßen auch »im Bett landen« kann, besteht aber die Gefahr einer Abhängigkeit. Lehrer wie Schüler müssen klar wissen, was sie wollen, und selbstverständlich gesund sein. Hingabe bedeutet an sich, Offenheit dem Beispiel des Lehrers gegenüber zu haben, wie bei dem großen Verwirklicher Milarepa, der vor 900 Jahren in Tibet lebte. Sie baut auf die Fähigkeit auf, sich in sein Kraftfeld einzufühlen und es in die Welt zu bringen.

Da die Schüler zu Beginn oft eher die eigenen Erwartungen als den vorhandenen Lama sehen, muß dieser, wenn er sie annimmt, von Anfang an verantwortungsvoll handeln. Kommen wenige, kann er einzeln auf sie eingehen. Wenn viele da sind, was heute meistens der Fall ist, sollte ein moderner geistiger Lehrer auf dieser Ebene der ganzen Begegnung sofort Mut zeigen. Er sollte weder in Vorträgen noch in seinem Verhalten sein Liebesleben oder seine politischen Ansichten verstecken. Dadurch können die Schüler sofort feststellen, ob sie überhaupt am richtigen Ort sind. Findet der Lama, daß eine Verbindung besteht, und zeigt es sich zusätzlich durch das erwartungsvolle Verweilen der Schüler, fängt eine riesige, mal harte, mal wonnige Arbeit an. Sie läuft weitgehend über die Gruppen, die seine Kraft tragen, bis auch der Schüler zur letztendlichen Sicherheit gelangt. Enttäuschungen sind dabei unvermeidbar. Der Diamantweg erlaubt z.B. nicht, sich in eine weiche, vergeistigte Welt zu flüchten, um frühere Niederlagen zu vergessen oder ungelöste Aufgaben im eigenen Leben nicht beheben zu müssen. Macht der Lama die Schüler nicht schnellstmöglich selbständig oder sorgt dafür, daß nur Leute mit Überschuß zu ihm stoßen, wird er bald eine Schar von Schafen leiten. Nach einiger Zeit können die Schüler dann nicht in die Welt zurück, die sie aufgaben, oder sie finden keinen Zugang zu einem passenderen Lehrer. So stellt sich die unterschwellige ungute Schwingung wie bei vielen Klöstern und Sekten dauerhaft ein, die dann wiederum frische Leute abschreckt.

Die Aufgabe des Schülers bleibt dabei immer, ehrlich zu sein. Es geht um sein Leben. Er sollte sich ohne Erwartung, Furcht oder uneingestandene Wünsche bei jeder ersten Öffnung einem Lehrer gegenüber ernsthaft fragen: »Vertraue ich ihm wirklich?«, »Ist er stark oder nur glatt?«, »Möchte ich in fünfzehn Jahren so sein wie er?« oder im Spaß: »Würde ich ein gebrauchtes Auto von ihm kaufen?« In solchen praktischen Bereichen muß das Verhältnis unter Männern stimmen, während Frauen sich eher durch ihr Gespür für die Strahlkraft und das tägliche Verhalten des Lehrers leiten lassen. Weil man die Schwingung samt den Eigenschaften des Lehrers immer übernehmen wird, sollten Männer wie Frauen darauf bestehen, daß ihr gewählter Lehrer, der Spiegel ihres Geistes, die letztendlichen Verwirklichungen des Muts, der Freude und der ständigen Arbeit zum Besten aller besitzt. Fehlen diese, ist der Lama keine Zuflucht, denn er erlebt das Wesen des Geistes offenbar unvollständig. Wie zufriedenstellend ein tiefes Wissen von den Lehren Buddhas auch ist: Nur wer sie verwirklicht und die Erfahrung seiner inneren Kraft im Mark seiner Knochen hält, kann völlig und auf Dauer durch sein Beispiel überzeugen. Andere Lehrer bleiben eher »geistige Freunde«, können aber auch so sehr nützlich sein.

Die **wichtigsten Belehrungen** sind die über den Geist, den zeitlosen Erleber aller Dinge. Dies sind ausschließlich Erklärungen, die jenseits der Ich-Vorstellung führen und alle zweiheitlichen Vorstellungen wie Gott und Seele, Atman und Brahman, Selbst und Andere auflösen. Nur was unmittelbar auf die Einheit von Erleber, Erlebtem und Erleben zeigt, ist befreiend und erleuchtend. Götter und Teufel, Angenehmes und Leidvolles sind hingegen bedingte Bilder im Spiegel des Bewußtseins. Sie entstehen dort, ändern sich darin, werden davon erfahren und lösen sich dort auch wieder auf. Nur der zeitlose Geist selbst, seinem Wesen nach Raum, Klarheit und Unbegrenztheit, ist dauerhaft. Das, was durch die Augen der Wesen schaut und durch ihre Ohren hört, ist wahr. Das Klare Licht, das sich aller Dinge bewußt ist und sie ermöglicht, ist als einziges wirklich vorhanden. Die höchste Einsicht des Großen Siegels umfaßt die Grundlage, den Weg und das Ziel aller Entwicklung und bezeugt die unmittelbare Erfahrung des Geistes von seiner ihm innewohnenden Freude und Kraft. Außer in den Rahmen bildenden Versen am Anfang und am Ende dieses Buches enthalten Karmapas Wünsche Erfahrungen dieser letztendlichen Sichtweise.

Und schließlich – was sind die von Karmapa erwähnten **Hindernisse**, die einen vom Weg abbringen? Es gibt hier äußere, innere und geheime, und alle sind ernst zu nehmen[8]. Sie können einem für mehrere Leben das Bewußtsein trüben oder einen auf ein Abstellgleis schieben. Hindernisse auf äußerer Ebene wären das Wegfallen der 18 Bedingungen, die eine bewußte Entwicklung ermöglichen. Sie sind in Gampopas Juwelenschmuck der Befreiung[9], einem wichtigen Grundlagenbuch zu buddhistischen Sichtweisen, sowie in meinem Buch zu den Grundübungen[10] in althergekommener Weise aufgelistet. Auf innerer Ebene wäre es der Verlust der Einstellung, zum Besten aller Erleuchtung zu erreichen. Und auf der wichtigsten Ebene der Sichtweise fällt man vor allem durch eine Störung in der Diamantweg-Beziehung zum Lehrer. Dieser muß bei aufkommenden Störungen sein Äußerstes tun, damit die Lage umgedreht wird, oder mit guten Wünschen diejenigen ziehen lassen, die unzufrieden sind.

---

[8] Siehe auch Vers 24

[9] Gampopa, Juwelenschmuck der geistigen Befreiung.
Diederichs Verlag, München, 1989.
Gampopa, Der kosbare Schmuck der Befreiung.
Theseus Verlag, Berlin 1996.

[10] Lama Ole Nydahl, Die Vier Grundübungen. Joy-Verlag, Sulzberg, 1998.

Nagarjuna

ཁྱུང་རིགས་ཐོས་པས་མི་ཤེས་སྒྲིབ་ལས་གྲོལ། །

Das Kennenlernen der Lehren Buddhas und ihrer logischen
Schlüsse befreit vom Schleier des Nicht-Verstehens;

མན་ངག་བསམ་པས་ཐེ་ཚོམ་མུན་ནག་བཅོམ། །

das Nachdenken über die Kernpunkte besiegt die Dunkelheit
der Zweifel;

སྒོམ་བྱུང་འོད་ཀྱིས་གནས་ལུགས་ཇི་བཞིན་གསལ། །

durch das aus der Meditation erstrahlende Licht wird das
Wesen der Dinge offenbar, so, wie es ist.

ཤེས་རབ་གསུམ་གྱི་སྣང་བ་རྒྱས་པར་ཤོག །

Möge sich das Erscheinen dieser drei Arten von Weisheit
ausbreiten!

VERS 5

Hören, **Nachdenken und Meditieren** gemeinsam als Weisheiten vorgestellt zu bekommen ist für Westler ungewohnt. Betrachtet man aber die menschliche Entwicklung als die Entfaltung einer Ganzheit, enthält diese Sichtweise eine andere Art der Logik und bietet eine sinnvolle Ergänzung zu unserem Denken. Da sie Gedanken, Gefühle und Erfahrungen verbindet, kann sie eine Tür zu weiteren Bewußtseinsebenen öffnen. Tatsächlich gibt diese Auslegung Raum und macht vieles ganzheitlicher, während *nur* Begriffliches leicht die Frische des Geistes erstickt. Da Buddhas Lehre einem guten Kuchen vergleichbar ist, der erstklassig schmeckt, wie man ihn auch schneidet, ermöglichen Werke wie dieser Text immer neue Unterteilungen des Inhalts, die unerschöpflich frische Einsichten hervorbringen.

Aber zurück zu den **drei Weisheiten**: Was ist nötig für eine runde Entwicklung? Zunächst das **Kennenlernen** der richtigen, klaren Belehrungen. Um die günstigen Umstände zum Lehren, die Buddha vor 2550 Jahren genoß, würde ihn jeder Lehrer beneiden. Erstens hatte er als einziger unter den bekannten Religionsstiftern genug Zeit. Er lehrte seit seiner Erleuchtung mit fünfunddreißig Jahren, bis er mit achtzig friedlich starb. Zweitens – und das war seit der Antike bis zum Beginn der Siebziger Jahre im Westen nicht wieder der Fall – suchten ihn jede Menge begabter, ausgebildeter und selbständiger Schüler auf, die bei ihm blieben und ständig

Dinge wissen wollten. Deswegen konnte er die 84'000 befreienden Belehrungen geben, die heute Buddhismus heißen und in den 108 dicken Bänden des Kanjur gesammelt sind. Das klingt nach erschreckend viel Stoff, aber eine sinnvolle Beschäftigung damit erfordert weder Lesebrillen in steigender Stärke noch Allergiemittel gegen Bücherstaub. Selbst wenn kein Lama und keine Diamantweg-Gruppe in der Nähe sind, die einem die befreienden Meditationen und Sichtweisen vermitteln können, kann ein einfacher, aber klarer Überblick über Buddhas Lehre sehr nützen. Mit dem wachsenden Verständnis für die eigene Lebenslage, das daraus entsteht, und einem reifenden Überblick über Ziel und Weg wird man sich sinnvoll und zum Besten anderer entwickeln. Die richtige Einstellung ermöglicht einem früh, Zeitverlust und Verwirrung auf dem Weg zu verhindern. Gleichzeitig kann man dadurch die Schwerpunkte bestimmen, an denen man weiterkommen möchte.

Weil Buddha nur lehrte, wie die Dinge sind, um den Wesen zu helfen, aber nicht als Selbstzweck, und weil Erleuchtung die Entfaltung aller Fähigkeiten ist, einschließlich der grundlegenden des klaren Denkens und der Logik, sollen alle Fragen beantwortet werden können. Auch für den Buddhismus ist es nur von Vorteil, wenn man nachbohrt, bis man zufrieden ist, und nichts ungeklärt läßt. Es ist eine besonders leuchtende Freude, wenn das Leben an Sinn gewinnt und die dunklen Stellen des **Nicht-Verstehens** sich auflösen. Hier darf sich der Westen unter keinen Umständen so mißverstanden gut verhalten wie die Buddhisten im Osten. Die Chinesen z.B. stellen selbst nach Aufforderung bei den Vorträgen keine Fragen. Einige denken dabei, es sei dem Lehrer gegenüber unhöflich. Andere empfinden es als Gesichtsverlust, wenn bemerkt wird, daß sie etwas nicht verstanden haben. Sehr viele aber wollen ihre tiefsten Denkmuster einfach nicht unter die Lupe nehmen. Also »verbrauchen« sie lieber die Lehre, nehmen reihenweise Segen und Einweihungen für ein langes Leben oder Reichtum, anstatt zu meditieren oder auf andere Weise ihr Leben zu ändern. Kleine Gruppen junger Leute sind an manchen Stellen freudige Ausnahmen dieses sonst festgefahrenen kulturellen Musters.

Das Kennenlernen der Lehre Buddhas. Die Vermittlung des buddhistischen Wissens gehört zum Bereich des »äußeren« Lehrers[11]. Danach fängt der »innere« Lehrer an, die Verarbeitung des Stoffes. **Das Nachdenken,** die zweite Weisheit, ist eine andauernde Auseinandersetzung mit dem Gelernten. Man prüft laufend das Gehörte in der Welt, so wird Wissen zur Gewißheit. Die Sicht wird weiter und der Verlauf äußerer und innerer Geschehnisse sowie die gegenseitige Bedingtheit aller Dinge immer klarer erkennbar: Allmählich sieht man Weg und Ziel praktisch und kann das eben Nützliche aus Buddhas Lehre ins Leben mit einbeziehen. Die Bereitschaft, auch bei schwierigen *eigenen* Erfahrungen z.B. das Wissen über Ursache und Wirkung – Karma – nicht auszuschalten, bedeutet, daß **die Zweifel** reihenweise beseitigt werden. Das Leben kann von diesem Zeitpunkt an nur sinnvoller werden.

Den vollen Rutsch der Einsicht vom Kopf ins Herz und den Bauch bringt die dritte Weisheit, **die Meditation.** Sie ist der »geheime« Lehrer. Hier kommt die Dampfwalze der ganzheitlichen unmittelbaren Erfahrung ins Rollen. Die zeitlose Strahlkraft des Geistes leuchtet als ständige, selbstentstandene Aha-Erlebnisse immer unerschütterlicher durch jede Erfahrung hindurch. Sobald man die Sicht des Großen Siegels übernimmt, daß Erleber, Erlebtes und Erleben un-

---

[11] Siehe auch Vers 23

trennbar sind und ihrem Wesen nach eins, sind Befreiung und Erleuchtung nur eine Frage von Ausdauer und Mut. Karmapas letzter Wunsch wird damit nur bekräftigt: Ohne geprüftes Wissen, richtiges Verständnis und selbstentstandene Einsicht würde man auf jeder Stufe unnötig viel Zeit verlieren.

Shavaripa

ཏིག་ཆད་མཐའ་བྲལ་བདེན་གཉིས་གཞི་ཡི་དོན།

Das Wesen der Grundlage ist die zweifache Wirklichkeit,
frei von den begrenzten Vorstellungen von Dauerhaftigkeit
und Nicht-Sein.

སྒྲོ་སྐུར་མཐའ་བྲལ་ཚོགས་གཉིས་ལམ་མཆོག་གིས།

Der hervorragende Weg besteht im zweifachen Ansammeln,
frei von den begrenzten Gewohnheiten des Zuschreibens und
Verneinens;

སྲིད་ཞིའི་མཐའ་བྲལ་དོན་གཉིས་འབྲས་ཐོབ་པའི།

dadurch wird die Frucht des zweifachen Nutzens erlangt,
frei von bloßer Ruhe und Verwirrung.

གོལ་འཁྲུག་མེད་པའི་ཆོས་དང་ཕྲད་པར་ཤོག

Mögen wir dieser fehlerfreien Lehre begegnen!

Vers 6

Wie später noch oft in diesen Versen nutzt Karmapa ein Leitwort, um eine ganze Reihe von Einsichten zusammenzuhalten. Durch die mehrfache Wiederholung davon festigt er den Hauptgedanken bei seinen Lesern. **Zweifach** wirkt hier in jedem Zusammenhang als das gewählte Bindeglied und verdeutlicht den Unterschied zwischen allgemeiner und erleuchteter Wahrnehmung.

Buddhas Lehre zur **zweifachen Wirklichkeit** durchtrennt jahrtausendealte Knoten unzähliger Denker und Kulturen mit einem Hieb. Indem er jeweils die Gegensätze benennt und auf das zeigt, was sie sprengt, löst er die Fragen wortgewaltiger Materialisten wie auch Nihilisten im Handumdrehen. Zunächst deutet Karmapa auf die Grundlage, die Erscheinungswelt, hin. Er zeigt, wie alles Äußere und Innere seinem Wesen nach ist: bedingt, zusammengesetzt, in ständiger Veränderung begriffen, vergänglich und ohne Eigennatur. Danach wechselt er zu der Erfahrung unerleuchteter Wesen über, die die Welt als fest, dauerhaft und wirklich vorhanden erleben.

Wer sich in früheren Leben mit der Leerheit und der gegenseitigen Bedingtheit aller Erscheinungen beschäftigt oder besonders viel Gutes für andere getan hat, hat es heute leichter. Selbst die schwierigsten Ereignisse im Leben bleiben traumähnlich und Leiden prallen an einem ab, weil der Spiegel des Geistes nur noch leicht zu reinigende Stellen hat. In jedem neuen Körper müssen aber die inneren Energiebahnen neu belebt werden, denn nur so kann man sich wieder an die Einsicht von der Nicht-Dauerhaftigkeit aller Erscheinungen heranarbeiten, die man früher genossen hat. Sie muß wieder erkannt und durch Übung gefestigt werden. Die wichtigsten buddhistischen Belehrungen müssen zusätzlich in den Gedanken gegenwärtig sein, denn sie entsprechen ja nicht der augenblicklichen Sinneswahrnehmung. Vor allem die Verschmelzungsphase mit den Lichtbuddhas in der Meditation, wo Bewußtsein *an sich* voll tiefen Vertrauens und Dankbarkeit erfahren wird, ohne daß es sich durch etwas ausweisen muß, ändert den Übenden sehr. Lassen sie sich überhaupt darauf ein, werden selbst hartgesottene Materialisten mit gutem Karma von dieser freimachenden Wahrheit süchtig.

Buddhas gesamte Mittel zielen auf diese ganzheitliche Erfahrung der Dinge, jenseits von Begriffen. Sie nimmt Erwartungen wie Befürchtungen die Wurzel weg, entspannt und macht stark. Der Stellenwert solcher Belehrungen ist riesig, denn die Sichtweisen von Sein, **Dauerhaftigkeit**, und **Nicht-Sein** steuern die Welt. Bis heute hat keine der beiden Einstellungen ihren Vertretern Zufriedenheit beschert. Hielten in einer Kultur die Menschen das Gegebene für wirklich, entstand erst viel Ausdehnung und Lebensnähe. Dadurch wurden aber auch die Leiden sichtbarer, und Krankheit, Alter, Tod und Verlust gewannen an Wirklichkeit. Wählten sie deswegen die entgegengesetzte Sicht, daß nichts wirklich sei, wurde jede Erfahrung grau. Man stand dann ohne Werkzeuge da, um die äußere und innere Welt zu gestalten. In beiden Fällen ist man verloren wie in einem unbekannten Land ohne Karte. Weder durch Sein noch durch Nicht-Sein läßt sich das Wesen der Dinge ausreichend erklären.

Nach Karmapas Ratschlägen lebt es sich am besten wie in einem Hotel. Ohne Anhaftung genießt man das Vorhandene und nutzt es zum Wohle aller, weiß dabei aber genau, daß man nichts mitnehmen kann.

Auch viele Wissenschaftler wundern sich heute über Buddhas tiefes Verständnis vom Wesen der Dinge. Daß dieselben Einsichten in den Gesetzen der äußeren Welt auftauchen, wenn man in Vertiefung den eigenen Geist erkennt, wie wenn man durch ein Fernrohr oder einen »Teilchenquetscher« die Welt untersucht, ist für sie sehr spannend. Solche gegenseitigen Bestätigungen ziehen Kreise und berühren viele Menschen. Beim Ausspruch »to be or not to be« eines heutigen Hamlet würde »to be *and* not to be« unterschwellig bereits mitschwingen. Im »Juwelenschmuck der Befreiung«[12] drückte es vor 850 Jahren der Lehrer des 1. Karmapa so aus: »Wer glaubt, die Dinge seien wirklich, ist so dumm wie eine Kuh. Wer denkt, sie seien nicht wirklich, ist noch dümmer.« Die Erfahrung von der Traumhaftigkeit aller Dinge löst sofort die Gegensätze von **Dauerhaftigkeit und Nicht-Sein** auf. Alles Äußere wie Innere entsteht aus dem Raum, entfaltet sich darin, wird davon erkannt und löst sich dort auch wieder auf. Ohne irgendeine Art von Eigennatur zu besitzen, erscheinen Welten, Wesen und Erfahrungen aus unzähligen Bedingungen und verschwinden wieder bei deren Wegfall.

Die Welt der Sinne und Begriffe als eine riesige gemeinsame Vorstellung aus den bedingten Erfahrungen unzähliger Wesen zu verstehen, wie sie in Vers 9 ausführlich erklärt wird, ist Buddhas Lösung dieser Gegensätze. Ist man dabei in der glücklichen Lage, die guten Träume durch das richtige Verständnis von Ursache und Wirkung verstärken zu können und die üblen abzubauen, hat das großen Sinn.

[12] Siehe Seite 52

Dann wird sich alles immer mehr ergänzen und bereichern und denselben Geschmack von Befreiung entwickeln. Hier begegnen sich Bedingtes und Letztendliches im Leben eines jeden: Aus den guten Zuständen kann man in die Befreiung und Erleuchtung erwachen, während die schlechten zusätzliche Enge bringen.

Das **zweifache Ansammeln** ist auch Buddhistenlatein, zeigt aber das Rückgrat der ganzen Lehre. Karmapa nennt es nicht ohne Grund **den hervorragenden Weg**. Diese Arbeitsweise liegt bei jeder von Buddhas Belehrungen an. Sie ändert mit ihrer gesunden Vernunft die ganze Erfahrungsebene. Indem sie Störgefühle, Selbstbezogenheit und fehlende Begeisterungsfähigkeit abbaut, bringt sie Geistesruhe, ein reiches Innenleben und zeitlose Wonne. Man arbeitet sich ausgehend von der Ebene des Vermeidens über die Ebene der befreienden Weisheit bis in die Ebene der Rückkopplung vor, wo unzählige Buddhaformen, Schwingungen (Mantras), Atmungsweisen und Körperstellungen dem Geist seinen Reichtum widerspiegeln. Tatsächlich geht es auf jeder der Stufen aber nur um zwei Abläufe, die sich ständig ergänzen und wiederholen: um den Aufbau guter Eindrücke im Geist und die Steigerung seiner klaren Einsicht.

Man kann die erste Stufe der bewußt nützlichen Taten mit der Sonne vergleichen, die zum Zenit wandert, die zweite mit dem Entfernen der Wolken. Wenn beides gelungen ist, läßt sich alles genauestens erkennen. Ein anderes Sinnbild wäre das Emporsteigen auf einer Treppe. Erst tut man etwas Nützliches – der Geist findet Ruhe. Daraus entsteht eine unmittelbare Einsicht, eine Aha-Erfahrung. Sie zeigt einem, daß ein derartiges Verhalten richtig ist und den Wünschen der Wesen entspricht. Also tut man mehr Gutes und erfährt weitere Einsichten, bis der Geist ständig und überall Schönes erfährt, außen wie innen. Darum vertrauensvoll, wagt er den Sprung jenseits seiner Vorstellungen in den Raum des Erlebers und erfährt das, was alles erfährt. Obwohl die beglückende Wahrnehmung von dessen Strahlkraft erst nach Jahren gehalten werden kann, weiß man vom ersten Klaren Licht an, daß sie einem gehört.

Also arbeitet man fröhlich und mit größerem Einsatz weiter und schafft mehr von dem Guten, was zusätzliche Weisheit bringt. Da *nichts* der jedem innewohnenden Buddhanatur weitere Eigenschaften hinzufügen kann, bringt der Weg lediglich deren zeitlose Fähigkeiten zum Vorschein. Dabei lernt man, die Dinge so anzunehmen, wie sie sind. Man braucht ihnen keine Eigenschaften mehr zuzuschreiben oder vorhandene zu verneinen. Viele Entwicklungen sind einem schon im Geschehen zutiefst vertraut und ein echtes Geschenk. Irgendwie versteht der Geist immer besser, daß ihm etwas Gutes widerfährt und daß er dem Geschehen vertrauen kann. Er spürt eine selbstbefreiende Weisheit, die viel klarer, stärker und umfassender als alles Begriffsmäßige die Dinge augenblicklich ergänzt und ihnen Richtung gibt. So fallen unsichere und verknotete Verhaltensweisen weg, und das untergräbt die gewohnte Ich-Vorstellung völlig. Wenn diese endlich wegen fehlender Nahrung umkippt und nichts mehr bewiesen oder entschuldigt werden muß, steht kein Hindernis dem eigenen Glück oder der Arbeit für andere mehr im Wege. Man tut, was vor der Nase liegt, und weil die anderen mehr sind, wird der Vorteil meistens zuerst ihnen zuteil. So entsteht der **zweifache Nutzen** der nächsten Zeile. Buddhistisch gesehen bedeutet Leid, daß man etwas falsch gemacht hat. Am besten sollte das Leben ganz ohne Opferrollen ablaufen. Auch langfristig gewinnt dadurch jeder, weil man dem Wesen der Dinge entspricht. Eigentlich ist alles Spaß. Der zeitlose Vorteil für den Verwirklicher liegt darin, daß er die ganze Zeit über seinen Geist und die Ereignisse beobachtet und besser kennenlernt.

Anderen und sich selbst Gutes zu tun ist etwas so völlig Richtiges, daß jede Berührung damit glückbringend ist. Alle gewinnen durch diese Einstellung. Daß Karmapa nach der Grundlage und dem Weg in den vorhergehenden Zeilen die letztendliche **Frucht** nennt, zeigt, wie viele Ebenen von Störungen schon verschwunden sind. **Verwirrung** heißt auf sanskrit Samsara, und **bloße Ruhe** wird das Kleine Nirwana genannt. Diese Begriffe werden oft sehr umständlich erklärt, was nicht nötig ist. Man kann sie ganz lebensnah verstehen, wenn man sich nur umschaut: Die meisten Wesen befinden sich mitten im erstgenannten Zustand.

Verwirrung entsteht, wenn der Erleber sich nicht selbst hinter den Erlebnissen erkennt. Man findet dann seine Mitte nicht, jagt deswegen den vergänglichen Eindrücken hinterher, hält Erlebtes für wirklich und leidet am Ende, weil alles vergeht. Es ist der große Marktplatz des Lebens, wo jeder etwas sucht. Geburt, Alter, Krankheit und Tod sind hier die Hauptbeschwerden. Zusätzlich versuchen die Wesen, das zu bekommen, was ihnen gefällt, das zu vermeiden, was sie nicht mögen, das zu bewahren, was sie haben, und mit dem zurechtzukommen, was sie nicht ändern können! Die im selben Satz erwähnte **bloße Ruhe** bleibt auch einseitig. Sie ist ein Zustand des Vermeidens, des Nicht-erleben-Wollens. Zu diesem Zweck wird die Ich-Vorstellung aufgelöst. Man sitzt dann wie im Bunker, umgeben von Stacheldraht, ohne Zeitung oder Fernseher. Man hofft, nicht zu leiden, indem man nichts erfährt, ist aber von wenig Nutzen und bleibt in der Entwicklung einfach stehen. Diese Verwirklichung wird das Kleine Nirwana genannt, das Aufhören der Störgefühle, die Befreiung und der Arhat-Zustand. Sie wurde in jahrtausendelangen Streitgesprächen von den südlichen Schulen des Buddhismus für das höchste Ziel erklärt, das in unserer Zeit überhaupt noch erreichbar sei.

Die volle Entfaltung des Geistes wird durch die zusätzliche Befreiung von allen einengenden Vorstellungen verwirklicht. Sie heißt das Große Nirwana, das Entfernen der Unwissenheit, die Erleuchtung und der Buddhazustand. Diese Ebene umfaßt sowohl das »Vom-Leben-gefangen-Sein« als auch die beschriebene bloße Ruhe, geht aber über beide hinaus. Unter Verwirklichern gerne das »nicht klebende Nirwana« genannt, ist der Geist hier in allem zu Hause, was geschehen oder nicht geschehen mag.

Und zuletzt: warum nennt Karmapa die **Lehre fehlerfrei**? Weil sie immer das leistet, was sie soll. Weg und Ziel sind beide in ihr enthalten. Sie befreit und erleuchtet und bewirkt so dauerhaftes Glück. Daß man sie wünschen sollte, leuchtet ein!

སྦྱང་གཞི་སེམས་ཉིད་གསལ་སྟོང་ཟུང་འཇུག་ལ། །

Die Grundlage der Reinigung ist der Geist selbst, seine Einheit von Klarheit und Leerheit;

སྦྱོང་བྱེད་ཕྱག་ཆེན་རྡོ་རྗེ་རྣལ་འབྱོར་ཆེ། །

das Mittel der Reinigung ist das Große Siegel, die große Diamantübung;

སྦྱང་བྱ་གློ་བུར་འཁྲུལ་པའི་དྲི་མ་རྣམས། །

das zu Reinigende sind die an der Oberfläche liegenden Schleier der falschen Sicht.

སྦྱངས་འབྲས་དྲི་བྲལ་ཆོས་སྐུ་མངོན་གྱུར་ཤོག །

Mögen wir die Frucht der Reinigung, den vollkommen reinen Wahrheitszustand, erlangen!

VERS 7

Die Grundlage der Reinigung ist der Geist selbst, seine Einheit von Klarheit und Leerheit. Der Begriff der Reinigung hält diesen Vers zusammen, der wieder vor Sinn strotzt. Es geht erst um die Grundlage der Erleuchtung, dann um die Mittel zu ihrer Verwirklichung und schließlich um die Frucht der Erleuchtung selbst. Auch Buddhanatur, Weg und Ziel genannt, bezeugen sie die letztendliche Freiheit aller Lebewesen. Da der Geist an sich erleuchtet ist und mit allem in Zeit und Raum verbunden, ist alles erreichbar. Man kann durch gezielte Arbeit zeitlose Befreiung und Erleuchtung erlangen. Obwohl die Erlebnisse ihrem Wesen nach unendlich sind, wie Bilder oder Wellen, bleiben der Spiegel und das Meer unverändert. Die Tibeter vergleichen deshalb die Wahrheit mit dem Mond, den jede Pfütze widerspiegelt. Da der Geist immer schon Raum und leuchtende Klarheit war, ist auf den Erleber der Dinge wirklich Verlaß, und es kann ihm auch nichts Schädliches widerfahren. Diese frohe Gewißheit wird in der ersten Zeile des Verses verstanden.

Wie der Surfer im Meer gelassen eine komische kleine Welle vorbeiläßt, weil immer eine bessere folgt, so rät Karmapa seinen Lesern, trotz all ihrer undurchsichtigen Erfahrungen der zeitlosen Grundlage des Geistes zu vertrauen. Da der Erleber Raum ist und an sich vollkommen und unzerstörbar, ist alles sein Geschenk an sich selbst. Also muß man auch aus der **Klarheit** dieses Raumes – den inneren und äußeren Spielen des Geistes – kein Drama machen.

Im Westen wirkt diese Sichtweise zur Zeit sehr befreiend. Sie entkrampft die während der späten sechziger Jahre dem Hinduismus entlehnte Vorstellung, daß man während der Vertiefung gar nicht denken dürfe, und hilft dem Christen, der es nicht schafft, nur Gutes zu denken. Wie verschroben und unerschöpflich die auftauchenden Erfahrungen mitunter auch sein mögen: Eigentlich kann überhaupt nichts unrein sein, denn Äußeres wie Inneres sind ihrem Wesen nach Geist. Alles entsteht in seinem leuchtenden Raum, ändert sich darin, wird davon erfahren und löst sich dort auch wieder auf.

Wer den Reinheitsbegriff der Glaubensreligionen von Unberührtheit und Unerfahrenheit gewohnt ist, einen Zustand, der viel vom Leben ausschließt und immer schutzbedürftig bleibt, kann hier tief durchatmen und sich entspannen. Buddha wünscht der Welt etwas ganz anderes. Es geht bei ihm um eine kraftvolle Reinheit, die sich bewußt aus den bunten Erfahrungen des Lebens ernährt und zum Besten aller Einsicht gewinnt. Als Sinnbild wäre nicht ein Jüngferlein angebracht, das von Erlebnissen abzuschirmen ist, sondern eine reife Frau, die aus der Fülle ihrer Erfahrungen die Welt klar durchschaut.

Der Geist ist also an sich leer, kein Ding, und zugleich in seinem Ausdruck klar, reich und bewußt. Wenn ihm die Reinheit nicht innewohnen würde – wie sollte man den Geist überhaupt reinigen können? Ein Stück Kohle wird beim Säubern nur kleiner, während ein Diamant immer mehr glänzt. Obwohl mit einer wirksamen Seife das Waschwasser vorübergehend sehr schmutzig werden kann: Der Geist verhält sich deutlich wie der Diamant.

Die Gewißheit, daß der Raum, das Erscheinende und die Wahrnehmung untrennbar eins sind, sich gegenseitig beeinflussen und die freie Entfaltung desselben Geistes darstellen, ist die Anschauung des **Großen Siegels**. Wer sie besitzt, kann genüßlich sowohl im Meer als auch in den Wellen verweilen. So wird man feststellen, wie sich jeder Eindruck gleichzeitig befreit und aus eigener Kraft reinigt. Weil er als Raum und Klarheit seinem Wesen nach immer rein ist, braucht der Geist das nur einzusehen.

Drei Meter groß ist der Gegner übrigens nicht, auch wenn man ihn noch nie besiegt hat: man muß einfach die Kette seiner Verstrickungen verstehen und entweder ins Leere laufen lassen oder an der gewünschten Stelle durchtrennen. Ihre Ursache ist die anfangslose Unfähigkeit des Geistes, sich als allumfassend zu erkennen. Dadurch entstehen Störgefühle, und aus ihnen heraus klotzige Taten und Worte. Wenn deren Ergebnisse reifen und man in einer beengten Lage voll schwieriger Gewohnheiten und schlechter Erfahrungen sitzt, werden diese – uneingesehen und unbehandelt – zu weiterem leidbringenden Verhalten führen.

Obwohl sie die Erlebniswelt unbefreiter Wesen seit anfangsloser Zeit beherrschen, bleiben die Störzustände aber oberflächlich. Sie können der letztendlichen **Leerheit, Klarheit** und Unbegrenztheit des Geistes nichts anhaben. Denn – und dies ist für die besonders Reuegeschädigten – wie sollte das sündig oder schmutzig sein können, was aus der Reinheit des offenen Raumes entsteht, darin herumspielt, durch seine Klarheit verstanden wird und schließlich in den zeitlosen Raum zurückkehrt?

Wenn man verstärkt versteht, daß Störgefühle nur Drama sind, wird schwieriges Verhalten immer weniger zwingend. Sogar Khomeini, Pol Pot, Hitler, Stalin und Mao hatten die

Buddhanatur. Ihre krankhaften inneren Zustände und äußeren Taten geschahen im selben offenen Raum wie bei jedem
anderen, wurden durch dieselbe grundlegende Begabung
gespeichert und werden jetzt von diesen Herren in derselben Unbegrenztheit ausgebadet. Der Unterschied zu gesunden Menschen war, daß sie von ihrem Haß völlig beherrscht
waren, und das Unglück ihrer Zeit geschah aufgrund von
viel schlechtem Karma der Menschen, die wegen ihrer Unwissenheit und eigenen Störgefühle mitmachten.

Wer eingesehen hat, daß die Gefühle früher nicht da
waren, später nicht da sein werden und sich gerade jetzt unentwegt ändern, besitzt mit dem Diamantweg fast unbegrenzte Mittel, um mit ihnen umzugehen. Trugbilder, die
einfach die verwirrte Beweglichkeit des Geistes ausdrücken,
können geschickt umgestaltet und sogar in Weisheit und
Tatkraft verwandelt werden. Der Sinn eines jeden Heilswe-
ges sollte sein, bewußt den kraftvollen, aber noch unge-
schulten Geist zu erkennen, zum Besten aller.

**Das zu Reinigende sind die an der Oberfläche liegen-
den Schleier der falschen Sicht.** Auf der höchsten Ebene
geht es um das Nicht-Beurteilen. Störende Gedanken und
Gefühle reinigen sich am wirksamsten dadurch, daß sie
nicht beachtet werden. Läßt man sie einfach zu dem, was
sonst anliegt, nebenher laufen, geht ihnen bald die Luft aus.
Man sollte sich dabei aber den Spaß nicht entgehen lassen,
die vorbeiziehenden Trips gelegentlich anzuschauen. Man-
che kommen einem mittelguten Film gleich. Man kann hin-
zulernen, wenn einem etwas Besonderes geboten wird. Aus
diesem Blickwinkel wahrgenommen, lehrt einen der ge-
mischte Zoo der eigenen wechselnden Gefühle, wie anderen zu helfen ist. Während man darüber den Kopf schüttelt,
daß man sie jemals hat ernst nehmen können, werden die

inneren Tiger sichtbar dünner, und den Krokodilen fallen die Zähne aus. Störgefühle leben von der Bestätigung, die ihnen geschenkt wird. Bleibt diese aus, schwindet allmählich ihre Kraft.

Schwierigkeiten haben nur die Macht, die man ihnen gibt. Diese Einsicht befreit die grundsätzlich nur an der Oberfläche liegenden Geistesschleier, und es entsteht genug Freiraum für die beglückende Gewißheit, daß furchtlose Weisheit, selbstenstandene Freude und tatkräftige Liebe das wahre Wesen des Geistes ausmachen. Eine sicherere Fährte zur Erleuchtung kann es nicht geben. So wird der Raum zum Behälter, ist nichts Trennendes mehr, und aus seiner alles einschließenden Offenheit entsteht spontan alles Benötigte. Jede Art von Einsicht, Freude und Mut entspringt ihr mühelos. Am Ende erkennt sich der Geist als Spiegel und Bilder zugleich und erfährt sich als zeitlos, leuchtend, mitfühlend und langfristig weise. Im Zustand höchster Erfüllung ist er mit allem eins, was äußerlich und innerlich geschieht. Er ist und weiß alles, und alles drückt seinen strahlenden Reichtum aus.

Ohne die **Frucht der Reinigung** jemals zu verlieren, schenkt sie der Verwirklicher an die Welt weiter. Seine selbstentstandene Mühelosigkeit, im Hier und Jetzt zum Besten aller tätig, läßt andere die Vollkommenheit des Raumes erkennen. Wie ein ins Wasser gezeichnetes Bild sich augenblicklich wieder auflöst, ist im Großen Siegel alles vollkommen und zugleich befreit.

གཞི་ལ་སྒྲོ་འདོགས་ཆོད་པ་ལྟ་བའི་གདེངས།

Sicherheit in der Anschauung wird erlangt durch das
Abschneiden der Zweifel bezüglich der Grundlage;

དེ་ལ་མ་ཡེངས་སྐྱོང་བ་བསྒོམ་པའི་གནད།

Kernpunkt der Meditation ist es, diese Anschauung
unzerstreut aufrechtzuerhalten;

སྒོམ་དོན་ཀུན་ལ་ཆབ་ལ་སྦྱོང་སྦྱོད་པའི་མཆོག།

hervorragendes Verhalten besteht darin, die Erfahrung
der Meditation in allem geschickt zu üben.

ལྟ་སྒོམ་སྦྱོད་པའི་གདེངས་དང་ལྡན་པར་ཤོག།

Mögen wir Sicherheit in Anschauung, Meditation und
Verhalten haben!

VERS 8

Das Ziel der Erfahrungslehre Buddhas ist es, das Wesen der Dinge zu erkennen. Für ihn zählt, was wirklich ist. Zwar beweist die Wissenschaft mit fast jedem Durchbruch weitere seiner Aussagen, aber sollte sie einmal mit einer Behauptung deutlich recht haben und der Buddhismus läge falsch, sollte man der Wissenschaft vertrauen. Buddha selbst würde das wünschen! Denn bei ihm geht es nicht um Glaubenssätze. Sogar bei der genauesten Untersuchung müssen seine Lehren also logisch nachvollziehbar und im Leben anwendbar bleiben. Fragen – auch bohrende – sind deswegen notwendig, bedeuten aber erfahrungsgemäß, daß man noch nicht genug gelernt hat oder inhaltslose, lediglich formale Aussagen sucht, die Buddha und seine Lamas ungern geben.

Hat man es geschafft, an rein buddhistische Lehren heranzukommen, lauert ohne die Hilfe eines zum Durchschneiden fähigen Lehrers eine weitere Quelle der Verwirrung. Es ist die Vermischung der Belehrungen von Weg und Ziel: nämlich wie die Dinge einem erscheinen – die bedingte Ebene – und wie sie ihrem Wesen nach tatsächlich sind – die letztendliche Ebene. Sogar gut ausgebildete Westler sind im Bereich der Religionen keine Klarheit gewohnt, vermissen sie deshalb auch nicht und entdecken erst allmählich, wie befreiend es ist, Verstand und Gefühl zugleich für die Entwicklung einsetzen zu können.

Buddhas Lehre kann also durch eine tiefgründige Untersuchung nur gewinnen. Wie bereits in Vers 4 erwähnt, ist es
sogar möglich, den gesamten Weg in die Erleuchtung zu
zweifeln, auch wenn diese Vorgehensweise einen nicht unbedingt fliegend ins Ziel bringt. Man muß nur so klug sein,
eine gelöste Frage an die vorherige zu reihen und nicht
ständig dasselbe zu bezweifeln.

Nichts macht einen jedoch menschlicher, als wenn man
sich eine Grauzone leistet, ein Feld, wo nicht sofort beurteilt
werden muß. Hier können sich die Eindrücke laufend ergänzen und von selbst heranreifen, bis alle ernsten Zweifel
beseitigt sind. Das daraus entstehende wunderbare, satte
Gefühl, erwachsen und aus reifer Überzeugung handeln zu
können, weil einfach alles stimmt, ist auch sehr gut für das
Umfeld: Nichts hat zu mehr Leid und Unterdrückung geführt
als der Versuch von Religionen und Weltanschauungen, ihre
Anhänger nach ihren Lehren von *richtig* und *falsch* zum so-
fortigen, unüberlegten Durchgreifen zu zwingen. Buddha
hat offensichtlich als Einziger unter den Religionsstiftern ein
grundlegendes Vertrauen in die Wesen gehabt, und das ist
schade. Es gibt nichts Schöneres als freie Menschen.

Entsprechend gibt es bei ihm keinen Druck, *dieses* oder
jenes zu glauben. Man soll nur das tun, was einen selbst
überzeugt. Jede echte Entwicklung kann nur auf der Grundlage von Verständnis und Vertrauen geschehen. Buddha
wollte weder Schafe noch Mitläufer. Wer seine Erklärungen
zum Wesen der Dinge versteht und diese in der Meditation
anwendet, wird die Erfahrung von der eigenen Buddhanatur
immer **unzerstreuter** halten können. So werden durch
Übung die Belehrungen zum Großen Siegel zu starken Erfahrungen, und was sich noch an **Zweifeln** melden möchte,
wird in der Vertiefung zu Einsicht. Durch das bloße Verwei-

len in der erlangten Gewißheit löst sich jeder Knoten. Zorn wird überzeugend zu der Fähigkeit, klar und ungestört wahrzunehmen. Schwindender Stolz läßt einen bemerken, wie vielschichtig und reich alles ist. Sich auflösende Begierden bringen einem das Unterscheiden bei. Eifersucht verschwindet im Aneinanderreihen von Erfahrungen, und wo Unwissenheit und Verwirrung die Sicht trübten, entstehen an ihrer Stelle immer häufiger freudvolle Augenblicke von unmittelbarer Einsicht.

So bringen die Diamantweg-Meditationen den Geist mit seiner zeitlosen Kraft in Verbindung. Jenseits von Hoffnung und Furcht, von Festhalten und Widerwillen, führen sie ihn zu letztendlicher Gewißheit. Wie eine Tasse Kaffee zur Ruhe kommt und die Dinge widerspiegelt oder Haken von Belehrungen die Ringe der den Wesen innewohnenden Weisheit fangen, so erscheint der Erleber immer dauerhafter. Zwischen und hinter den Erlebnissen sowie durch sie hindurch zeigt er sich als das Licht des Geistes.

Wieder sind Buddhas Belehrungen einmalig und geben eine ganz besondere Ebene der Sicht. Statt zu versuchen, Gedanken zu verhindern, was erfahrungsgemäß zu innerer Mattscheibe führt, oder schöne Erfahrungen festzuhalten, was bis jetzt niemandem gelungen ist, rät Karmapa, wirkliche »Masse« aufzubauen durch das Verweilen in dem Zustand des Bewußt-Seins. Dieses letztendliche Vertrauen in den Erleber selbst ist ein Merkmal von Buddhas Lehre und wird von Verwirklichern seit seiner Zeit gelehrt.

Wenn Milarepas Schüler sich über Gedanken oder Gefühle ärgerten, antwortete er: wie könnt ihr über Büsche und Wellen klagen, wenn ihr die Unendlichkeit von Bergen und Meer kennt? Andere Lehren zum Großen Siegel vergleichen den Geist mit einem Elefanten, und die Gedanken mit

Dornen. Sie stechen zwar, aber der Elefant hat eine sehr starke Haut.

Wer bewußt in dem ruht, was verstanden und als wahr anerkannt wurde, meditiert wirklich. Wenn der Geist sich dadurch reinigt und an Kraft gewinnt, wird man einfach ein besserer Mensch. Der Begriff Meditation ist heute im nicht-buddhistischen Umfeld ein Sammelbegriff geworden für Übungen, die vor allem starke Erlebnisse hervorbringen sollen. Sie sind oft ohne klare Richtung, wie z.B. die Übersäuerung des Blutes durch hektisches Atmen, das hingerissene Schreien von HU-Silben, bloßes Sitzen ohne Erklärungen zum Geist, nacktes Wandern im Wald, Rückführungen oder vergeistigtes Handlesen, während alle buddhistischen Meditationen nur ein Ziel haben: Sie sollen ein müheloses Verweilen in dem, was *ist*, ermöglichen. Dies bedeutet weder ein tiefgeistiges Nachsinnen noch ein krampfhaftes Vermeiden von Gedanken, was einen abstumpft, oder ein Festhalten von angenehmen Geisteszuständen, was sowieso nicht möglich ist. Statt dessen sollen sie alle Fähigkeiten des Geistes zur Entfaltung bringen. Seine freigesetzte, ihm innewohnende Einsicht erlebt sich als ein zutiefst erfreulicher Zustand. In ihm entsteht zwanglos jeder innere Reichtum, und Handlungen aus diesem Überschuß heraus sind überzeugend für andere wie auch für einen selbst.

Das genau bedeutet **hervorragendes Verhalten**: Aus der Fülle des Möglichen zu schöpfen mit der Gewißheit, daß höchste Wahrheit gleich höchster Wonne ist und der Raum an sich grenzenlos. Dieser frische Mut, der alles befreit, entsteht durch das Schleifen vom Juwel des Geistes. So fällt, was im Kopf als richtig erkannt wurde, ins offene Herz. Von innen erlebt, ist es ein Zustand von Selbstverständlichkeit und In-der-Mitte-Sein bei allen Geschehnissen. Andere bemerken eine unmittelbare Raum-Freude, werden bereichert durch eine in sich ruhende Ergänzung von Mitgefühl und überpersönlicher Einsicht. Ausgelebt sind sie das zwanglose gute Verhalten, das jeden beglückt. Um die für den Alltag sinnvolle, aber als eng erlebte Sicht von *Entweder-oder* herum legt sich so der weite, befreiende Rahmen des *Sowohl-als-auch*.

Wer die Bände zu seinem Diamantweg-Lehrer halten konnte, dem Geber der zu dieser Entwicklung nötigen Mittel, bekommt so unendlich viel geschenkt. Während sich die erleuchteten Kraftkreise in der Umwelt mit denen zusammen entfalten, die dem eigenen Körper innewohnen, wird er keine Grenze finden können für sein Glück.

Und **Meditation in allem**? Eigentlich bedeutet es, das Bewußtsein von dem, was wahrnimmt, nicht zu verlieren. Viele spüren, wie wichtig das ist, aber leider trauen es sich wenige zu. Es ist auch nicht leicht. Es geht hier lange um bewußte Anstrengung, um ständiges Wiederholen von Übungen zur Sichtweise, bis der Erleber das Gefühl von sich selbst nicht mehr verliert, auch nicht im Strom der stärksten Erfahrungen. Wenn alles traumähnlich frei bleibt und überall Weite erlebt wird, ist man schon gut auf dem Weg. Die Unwissenheit war jedoch immer da, und der Streit gegen einen so zähen Feind zieht sich hin.

Jeder Einsatz lohnt sich hier, vor allem langfristig. Wem es gelingt, täglich zwanzig oder mehr Minuten für hochwirksame Meditation, wie das Verschmelzen mit seinem Lama oder der Lichtform einer Buddhagestalt (Yidam), zu finden, wird die erreichte Ebene halten und verbessern können, wenn er nicht gerade in einem Schlachthof arbeitet oder harte Drogen verkauft. Jedes Mantra hat Sinn, jedes Auffrischen der Sichtweise zum Großen Siegel nützt. Wenn **Anschauung**,

Meditation und Verhalten sich im Leben ergänzen, melden sich die erwünschten Ergebnisse. Mit Staunen nimmt man wahr, wie sich die seit anfangsloser Zeit im Speicherbewußtsein der Wesen angestauten Eindrücke in erleuchtende Weisheiten umwandeln.

Maitripa

ཆོས་རྣམས་ཐམས་ཅད་སེམས་ཀྱི་རྣམ་འཕྲུལ་ཏེ།

Alle Dinge sind Trugbilder des Geistes;

སེམས་ནི་སེམས་མེད་སེམས་ཀྱི་ངོ་བོས་སྟོང་།

der Geist ist nicht als »ein« Geist vorhanden, er ist seinem Wesen nach leer;

སྟོང་ཞིང་མ་འགགས་ཆིར་ཡང་རུང་བ་སྟེ།

obwohl leer, erscheint gleichzeitig alles ungehindert.

ལེགས་པར་བརྟག་ནས་གནད་ནི་རྩ་ཆོད་པར་ཤོག

Mögen wir durch genaues Untersuchen sein eigentliches Wesen erkennen!

Vers 9

Alle Dinge sind Trugbilder des Geistes. Alles Innere wie Äußere ist das Spiel des Geistes. Daß die Wahrnehmung der Welt von den Gefühlen und inneren Zuständen des Erlebers abhängt, weiß mittlerweile im Westen fast jeder »Gelegenheitspsychologe«, wenigstens wenn es die anderen betrifft. In eigener Sache ist man meistens nicht so hellsichtig, obwohl fast jeder gerne bestätigt, daß man bei guter Laune irgendwie all den netten Leuten begegnet. Ist man hingegen verstimmt, erscheinen miese Gestalten, Fehler und Schwierigkeiten überall. Himmel und Höllen geschehen offensichtlich im eigenen Geist, und jeder erschafft seine Welt. Man entscheidet also selbst fortlaufend durch die Eindrücke, die man für wichtig hält und in sich speichert, ob man künftig durch die rosa oder die schwarze Brille schauen wird. Dieses Gesetz heißt auf Sanskrit »Karma«, auf tibetisch »Lä«, und nach Buddhas Lehre sind diese bedingten Zustände ohne Anfang. Sie haben aber nur Kraft, bis der Geist seinen zeitlosen Raum erkennt, den unzerstörbaren Spiegel hinter seinen Bildern.

Hierbei wirkt Buddhas Einsicht, daß *höchste Wahrheit gleich höchster Freude* ist, befreiend. Andere Religionen machen aus der Tatsache, daß jede Entfaltung des Geistes an sich Reichtum und Freude ist, wenig. Buddha besteht aber darauf, daß Raum an sich Freude ist, und diese Sicht erlöst alles.

So sieht die innere Ebene von Karmapas Aussage aus. Daß alles vom Geist erschaffen ist, bezieht sich aber im gleichen Maße auf die äußere Welt. Bereits vor 2550 Jahren sagte Buddha einige der wichtigsten Entdeckungen der heutigen Weltsicht voraus, die Karmapa hier auf einen Punkt bringt: Daß auch die gemeinsam erfahrene Welt ein Spiel des Geistes ist, daß sie nur die Wirklichkeit eines gemeinsamen Traumes besitzt. Inzwischen hat man aus Licht Teilchen entstehen lassen, die Trennung zwischen Sein und Nicht-Sein ist aufgehoben, sie werden als zwei Seiten derselben Ganzheit verstanden. Richtig erklärt, bedeuten solche Worte das Ende aller Einengungen in Zeit und Raum. Sie zeigen, was letztendlich und was bedingt ist, wo die Sichtweisen des *Sowohl-als-auch* und des *Entweder-oder* von Sinn sind, und ermöglichen dadurch die völlige Freiheit des Geistes.

Wie kann man aber das Entstehen und Vergehen von Universen mit den gegebenen zweiheitlichen Begriffen erklären? Hier die Erklärung Buddhas dazu:

Nach dem Verbrennen einer Welt – in der Beschreibung übrigens dem sehr ähnlich, was sich Sternforscher in zehn Milliarden Jahren für die unsere vorstellen – gesellen sich die noch unbefreiten Bewußtseinsströme der Wesen, die keine Erfahrung von ihrer Natur hatten, zu denen von Bewohnern anderer vergangener Welten irgendwo im unendlichen Raum.

Wenn so ein genügendes Maß von geistigen Eindrücken – Karma – zusammengekommen ist, verdichtet sich eine neue Welt. Das geschieht selbsttätig. Da die Leerheit kein schwarzes Loch ist, sondern alle Möglichkeiten enthält, ist dazu nichts in sich Widersprüchliches wie z.B. ein außenstehender Schöpfer nötig. Der Vorgang kann aus reiner sowie aus unreiner Sicht gesehen werden, aber die erste Möglichkeit ist erleuchtend und zeitlos wahr, während die zweite aus grundlegender Unwissenheit entsteht. So läßt die Weisheit vom Reichtum aller Dinge – der gemeinsame Stolz der unerleuchteten Wesen – alles Feste entstehen, und die spiegelähnliche Weisheit – ihr Zorn – alles Fließende. Ihre unterscheidende Weisheit – die Anhaftung der Wesen – zeigt sich als Hitze, und die Erfahrungsweisheit – ihre Eifersucht – wird zur ständigen Bewegung wie der Wind. Die allesdurchdringende, spontan entstehende Weisheit – als grundlegende Unwissenheit verkannt – läßt Raum als Trennung und Abstand erscheinen. Man erkennt ihn dann nicht als Behälter, sieht nicht, daß es immer viel mehr Weite hinter den Dingen gibt als zwischen ihnen, daß der Raum alles umfaßt. Während sich der äußere Rahmen – die Welt – aus dem gemeinsamen Bewußtsein der Wesen verdichtet, zeigt sich zugleich ihr Karma als ihre Erfahrung davon, als ihre Körper und Wahrnehmungen. Deswegen ist die Belehrung, daß der Geist alles erschafft, ein Hauptpfeiler im Buddhismus. Nicht nur unser Erleben von der Welt ist Geist, sondern die Welt selbst ist es auch.

Wenn die Entwicklung der Wesen letztendliches Wissen über den Geist ermöglicht, drückt sich die grenzenlose Liebe und Kraft des Raumes im Erscheinen von Buddhas aus, die die Wege zu Befreiung und Erleuchtung lehren. Wo und wann es die Bedingungen zulassen, werden in zahllosen Welten Erleuchtete geboren, die sich der Vergangenheit, Gegenwart und Zukunft bewußt sind. Alles in ihrem Leben ist ein Beispiel, und ihr Ziel ist ausschließlich, alle Wesen von Unwissenheit und Leid zu befreien. Ihr Einfluß währt oft mehrere Jahrtausende.

Zu Beginn ihrer Lehrperiode werden die Buddhas unmittelbar verstanden. Dann folgt eine Zeit, wo ihre Mittel vor allem ganzheitlich in der Meditation verwendet werden. Danach werden die Texte vom Kopf her gedeutet und gelernt. Später sind die Menschen mit inhaltsleeren Bräuchen und Roben zufrieden. Zuletzt, nach einer Zeit weiteren Verfalls, werden sogar Ursache und Wirkung allgemein vergessen, und der Einfluß dieses Buddhas ist vorbei. Die Leute werden grob anderen und sich selbst gegenüber, und erst nach vielen unnötigen Schwierigkeiten sind sie wieder bereit, so viel Platz zwischen die Störgefühle zu lassen, daß sich ein weiterer Buddha zeigen kann. Durch seine Lehren wiederholt sich dann dieselbe Welle von geistigen Angeboten. Wieder befreien oder erleuchten sich viele, bis die letztendliche Sicht nochmals verloren geht und eine neue »schwarze« Zeit anbricht.

Tatsächlich hörten in Asien diese fünf Zeitabschnitte, die unser jetziger Buddha Sakyamuni als je 500 Jahre lang vorausgesagt hatte, vor fünfzig Jahren auf. Es ist unangenehm, wenn schlechte Voraussagen sich so genau bestätigen, aber um diese Zeit gingen die meisten althergekommenen buddhistischen Kulturen entweder an die Gier des Materialismus verloren, wie in Japan, Thailand und bei vielen Chinesen in Übersee, oder wurden von kommunistischer Gleichschaltung im Norden und vom Nationalismus im Süden Asiens zerstört. Heute halten dort nur der Staat Bhutan und die tibetischen Flüchtlinge der Diamantweg-Schulen von Buddhas Belehrungen am Leben.

Genügend Menschen mit geeignetem Karma scheinen aber ihre Wiedergeburt im Westen gefunden zu haben. So kann das entscheidende Wissen über das Wesen des Geistes jetzt in den freien europäischen Kulturen um die Welt genutzt werden und eines Tages vielleicht von dort erfrischt nach Asien zurückkehren.

Das war der Sinn von Karmapas erster Aussage, durch das Fernrohr gesehen. Wie erscheint sie unter der Lupe? Die weiteren Zeilen zeigen das.

Nachdem die Außenwelt zu Geist erklärt wird – **Alle Dinge sind Trugbilder des Geistes** – verschwindet auch alles Dingliche, wenn man den Geist selbst sucht. Hier gibt es tatsächlich nichts, was man Geist nennen könnte. Er hat weder Größe, Breite, Form, Geschmack oder Voltstärke, noch ist er »feinstofflich«, wie mancher mit wenig Vertrauen zum Raum ihn gerne sehen möchte, – was auch immer das bedeuten soll. Er besitzt kein Merkmal, wodurch er nachgewiesen werden könnte. Seinem Wesen nach ist er einfach **leer** – kein Ding. Daß dieser unendlichen Weite Bewußtsein innewohnt, wie auch der Nichtmeditierende bei plötzlichen Eingebungen erfährt, ist der *Wahrheitszustand*[13] des Geistes.

Obwohl leer, erscheint gleichzeitig alles ungehindert. Diese Zeile zeigt auf die Eigenschaften, die als Klarheit und Grenzenlosigkeit des Geistes erfahren werden. Sie umfaßt die Ebenen des *Freudenzustandes* und des *Ausstrahlungszustandes*, der durch kraftvolle, in die Zukunft gerichtete Tat gekennzeichnet ist. Er drückt sich durch die Wesen aus, die zum Besten anderer bewußt oder aufgrund von früheren Versprechen wiedergeboren werden. Obwohl der Geist, wie beschrieben, frei von eigenen Merkmalen ist, entsteht dennoch alles Äußere wie Innere als sein ihm innewohnender Reichtum. Freuden und nützliche Handlungen entspringen seinem Raum, spielen dort frei, werden durch seine Klarheit erkannt und verschwinden wieder mühelos in seine Unbegrenztheit zurück.

Obwohl nicht *an sich* feststellbar, zeigt der Geist endlose Vielfalt. Er läßt alles entstehen, umfaßt und erfährt, was im äußeren wie im inneren Raum geschieht und geschehen kann.

---

[13] Siehe auch Vers 2

Dieser Vers ist ein riesiges Tor zu ungewohnten erleuchteten Bewußtseinsebenen und sollte von mehreren Seiten betrachtet werden. Zusammenfassend – was ist der Kern von Karmapas Sicht? Er läßt sich am überzeugendsten mit dem Sinnbild des Traumes erklären. Eine Außenwelt, die sich ständig ändert, ist der gemeinsame Traum aller Wesen, und daß dieselben Verläufe je nach Erbmasse, Laune, Hintergrund und Ausbildung unterschiedlich erfahren werden, ist der eigene.

Eine mangelhafte Wahrnehmung ist aber vermeidbar. Die Wesen müssen nicht dem Bedingten überlassen bleiben, sondern haben Weg und Ziel und können sich entwickeln. Aus guten Träumen gibt es ein Aufwachen in Zustände von Befreiung und Erleuchtung, während die Ergebnisse von schädlichen Taten einen durch wachsendes Leid immer stärker binden. Dieses an sich nicht Wirkliche umfaßt sowohl das Wesen von Gedanken und Gefühlen als auch die scheinbar so feste Sinneswelt. Wie die Wissenschaft neuerdings feststellt, obwohl sich materialistische Weltanschauungen nicht daran erbauen: Die kleinsten Teile von Atomen verschwinden in der Kernschleuder und sind nicht mehr feststellbar, während sich völlig geleerte Versuchsbehälter selbsttätig mit Teilchen wieder auffüllen. Der durch die Sinne erlebte und bis heute gelehrte Gegensatz zwischen Sein und Nicht-Sein kann also nicht letztendlich gültig sein. Erscheinung und Nicht-Erscheinung sind am besten als Seiten derselben Ganzheit zu verstehen. In einer Welt voller Gebote und Dogmen gibt diese Einsicht angenehm viel Raum. Sie zeigt einem die Bedingtheit aller Dinge und macht einen reif. Man versteht, daß nur ihr Erleber, die Raum-Klarheit-Unbegrenztheit des Geistes, wirklich und wahr ist, während alles Erlebte entsteht und wieder vergeht.

Die Welt als das Ergebnis der gespeicherten Eindrücke und Gefühle ihrer Bewohner nachweisen zu können – so weit ist unsere Wissenschaft noch nicht.

Der Schlußwunsch Karmapas, durch **genaues Untersuchen** das Wesen des Geistes zu erkennen, setzt sich in den weiteren Versen fort. Ohne Schönfärberei zeigt er den Wesen sowohl die zu verbessernde Erscheinungswelt als auch die letztendliche Wahrheit, die ihr Wesen ist.

ཡོད་མ་སྐྱོང་བའི་རང་སྣང་ཡུལ་དུ་འཁྲུལ།

Der Eigenausdruck, den es als solchen nicht gibt,
wird als etwas Dingliches mißverstanden;

མ་རིག་དབང་གིས་རང་རིག་བདག་ཏུ་འཁྲུལ།

aufgrund von Unwissenheit wird Eigenbewußtheit
als ein Ich verkannt;

གཉིས་འཛིན་དབང་གིས་སྲིད་པའི་ཀློང་དུ་འཁྱམས༌

das Festhalten an dieser Zweiheit bewirkt das Umherirren
in der Weite der bedingten Welt.

མ་རིག་འཁྲུལ་པའི་རྩད་དང་ཆོད་པར་ཤོག།

Mögen wir die Wurzel der Täuschung, die Unwissenheit,
ausreißen!

Vers 10

Die ersten beiden Zeilen lassen zunächst den modernen Diamantweg-Buddhisten aufhorchen. Im Gegensatz zum heutigen Brauch weist Karmapa erst auf die Klarheit des Geistes und dann auf seine Raumnatur hin. Er nennt die Bilder vor dem Spiegel, die Wellen vor dem Meer und betont so die Erlebnisse mehr als den Erleber selbst. Warum wohl? Einerseits ist es verständnisfördernd, die Dinge aus einem unerwarteten Blickwinkel zu betrachten und andererseits wollte er sicher auf die geringe Abstraktionsfähigkeit vieler seiner Schüler eingehen. Im Leben stehende, einfache Menschen erleben die Erscheinungswelt ihrer vergänglichen Erfahrungen immer als sehr wirklich.

Der Eigenausdruck, den es als solchen nicht gibt, wird als etwas Dingliches mißverstanden. Die immerwährenden Spiele des Geistes, die äußerlich als die wahrgenommenen Welten und Umstände erscheinen und innerlich als die unerleuchteten Gedanken und Gefühle, werden wegen grundlegender Unwissenheit als wirklich und an sich vorhanden erlebt. Man denkt: Das gibt es. Diese Lage, diese Erfahrung ist wahr. Der Hauptgrund für diese Deutung der Welt ist die Trägheit unserer Sinne. Schaut man aber genau in der äußeren wie inneren Welt nach, ist nichts fest. Alles wackelt und wandelt sich die ganze Zeit, seien es Welten, Atome, Gedanken oder Gefühle. Ständig befindet sich das, was man als wirklich erlebt, in einem Strom von Änderungen. Erst ist z.B. ein Glas Wasser ein äußerer Gegenstand. Trinkt man es, wird es ein Teil von einem, und etwas später kann der hinzugefügte Stickstoff hoffentlich ein paar Blumen zum Wachsen bringen. Auch die inneren Zustände wechseln in ähnlicher Weise, mal haben die Wesen mehr Abstand dazu, mal sind sie völlig davon gefangen. Obwohl die Filme sich ständig ändern, hält man bis zur Befreiung dennoch das ganze Disneyland für wirklich.

Im selben Zuge, wie der Ausdruck des Geistes – seine Klarheit – **als etwas Dingliches** und somit als etwas Getrenntes **mißverstanden** wird, verkennt sich seine Fähigkeit zum Bewußt-Sein – der Erleber – als ein *Selbst* oder *Ich*. **Aufgrund von Unwissenheit wird Eigenbewußtheit als ein Ich verkannt.** Diese Zweiheit ist aber letztlich nur eine Vorstellung. Die alten Texte verwenden das Sinnbild von der Luft in einem Tonkrug: Wird der Krug zerschlagen, verschwindet jede Grenze zwischen Luft draußen und drinnen – die Trennung vorher war also nur scheinbar.

Was wirklich sein soll, muß eine dauerhafte Wirklichkeit aufweisen. Nur der erlebende Raum erfüllt diese Bedingung. Leer, wie er seinem Wesen nach ist, und frei von allen einengenden Merkmalen, ist er unbegrenzt durch Ort und Zeit und enthält alle vollkommenen Eigenschaften. Da er zugleich tatkräftig liebevoll handelt, bietet er eine wirkliche Zuflucht. Die ersten beiden Zeilen greifen auf Vers 2 zurück und beschreiben die Quellen aller Leiden. Da Karmapas Wünsche auf dieses Leben ausgerichtet sind, hier noch einmal ausführlicher die Gründe dafür und die Möglichkeiten daraus:

Vor 2550 Jahren erklärte Buddha seinen Schülern immer wieder neu, wie Störungen den sonst so fähigen Geist befallen. Er verglich ihn mit einem Auge, das alles Äußere klar erkennt, aber sich selbst nicht sieht. So wird sein erlebender Raum – die Wahrheitsebene des Geistes – als ein *Ich* verkannt. Obwohl weder der Körper dauerhaft ist, noch die Gefühle oder Gedanken auffindbare Eigenschaften wie Größe, Farbe oder Form besitzen, ist diese Fehleinschätzung durch zeitlose Gewohnheit gefestigt. Die Anhaftung des Geistes an seine wechselnden Erfahrungen macht aus seiner Klarheit, aus allem, was der Geist außen wie innen erlebt, ein *Du* oder etwas Eigenständiges. Weil man bis zur Erleuchtung unfähig ist, den Raum und dessen Begabung, Erleber und Erlebtes, als Seiten seiner Unbegrenztheit zu verstehen, erscheinen zuerst die Grundstörgefühle von Verwirrung, Anhaftung und Widerwillen. Aus ihnen entstehen ausschließender Stolz, Gier und Neid, und aus deren vielfältigen Verknüpfungen insgesamt 84'000 mögliche Geistesschleier. Obwohl alle bedingt und veränderlich, werden sie als wirklich erlebt und führen deswegen zu klotzigen Gedanken, Worten und Taten. Wenn die dadurch gesäten unguten Eindrücke als neue Schwierigkeiten heranreifen, außen wie innen, schiebt man deren Ursachen gewohnheitsmäßig anderen zu und schafft sich so die Gründe für weiteres schwieriges Verhalten.

Könnte man diese Störzustände als das sehen, was sie wirklich sind, wäre alles leicht. Man würde sie dann sofort als schlechte Filme auf der eigenen inneren Leinwand erkennen, die der Kluge einfach vorbeilaufen läßt, ohne hinzuschauen. So ist es aber nicht. Nicht erleuchtet zu sein bedeutet eben an sich eine grundlegende Unfähigkeit, erwünschte Zustände auszuwählen und schwierige nicht zu beachten. Man erlebt die auftauchenden Gefühle als wirklich. Meist fehlt dabei das Verständnis, daß man sie selbst verursacht hat, und daß jeder laufend sein eigenes Leben und Karma schafft. Also handelt man wieder kurzsichtig und gegen andere gerichtet und kommt so aus dem Rad der Geschehnisse nicht heraus.

Das Festhalten an dieser Zweiheit bewirkt das Umherirren in der Weite der bedingten Welt. Das Festhalten an irgendeiner Art von Zweiheit war immer ein Merkmal der nichtbuddhistischen Weltanschauungen. Man sieht nur das Erfahrene, und die Sachen geschehen *mit* einem. Ohne wahrzunehmen, daß allein der Erleber wirklich ist und mit allem eins, hält jeder diese begrenzte Sicht bis zur Befreiung fest. Deshalb hilft es vielleicht, sie hier genauer zu untersuchen.

Der erlebende Raum und seine von ihm erfahrenen Gefühle, Gedanken und Welten werden zwar als voneinander verschieden erlebt. Eine genaue Untersuchung zeigt aber, daß sie eher mit den Wellen oder Strömungen eines Meeres vergleichbar sind, oder aber mit Wasserdampf, Wolken und Regen als verschiedenen Erscheinungsformen von Wasser. Sie sind Ausdruck derselben Ganzheit. Die Frage über das Sein oder Nicht-Sein der Geschehnisse wurde über die Jahrtausende immer wieder gestellt. Dabei standen sich die Sichtweisen meistens viel ebenbürtiger gegenüber, als die letzten hundert Jahre im Westen es vermuten lassen. Z.B. war für die alten Griechen – wie für die neuen – das Traumähnliche, nicht Greifbare, etwas Bedrohliches. Allgemein beunruhigten sie die Belehrungen zur Leerheit von allem Inneren wie Äußeren, die von Buddha aus Indien kamen. Sie brauchten etwas dinglich Bestätigendes und führten deswegen die Vorstellung eines »Atomos« oder Atoms ein. Das Wort bedeutet »unteilbar« und gab ihnen somit wenigstens begriffsmäßig etwas Sicherheit: Denn wenn man die Sachen ewig teilen könnte, wäre nach ihrer

Vorstellung am Ende vielleicht wirklich gar nichts übrig, und sie stünden vor einem schwarzen Loch. Man bestand also einfach auf etwas Unteilbarem, um sich vor Unbekanntem zu schützen, und damit nicht alles in blauem Dunst verschwinden konnte. Sie wehrten sich auch gegen die Sicht vom Lehrer als einem abstrakten geistigen Beispiel, das für sie unfaßbar war. Schon zu Beginn unserer Zeitrechnung stellten sie deswegen, so wird heute angenommen[14], die sinnlich erfahrbaren Nachbildungen ihres Liebesgottes Apollo als erste Buddhastatuen auf.

Etwa bis zu Karl Marx und den sich heute allmählich verabschiedenden materialistischen Sichtweisen wechselten sich über die Jahrtausende hinweg verschiedene Anschauungen zur Wirklichkeit der Dinge ab, ohne jemals richtig zufriedenstellend zu werden. Obwohl es kurzfristig ein Gefühl der Kraft gab, die Erlebnisse als *wirklich* zu erfahren, wurden es Krankheit, Alter, Tod und Verlust dadurch auch, und Leid somit grundsätzlich unvermeidbar. Die entgegengesetzte Sicht war aber auch nicht befriedigend. Die Entscheidung, es gäbe die Dinge gar nicht, linderte keinen Schmerz. Zusätzlich wurde alles grau, die Welt verlor ihren Sinn, und es gab keine Hebel, womit man sie verbessern könnte. Deswegen schaukelten die Sichtweisen von Materialismus bis Nihilismus hin und her, bis die moderne Wissenschaft entschied, die dingfestere der beiden Möglichkeiten beweisen zu wollen.

Bis zu unseren sechziger Jahren kam deswegen alles der Vorstellung von der großen Maschine immer näher. Die Wesen schnürten beharrlich ihre Weltsicht immer enger. Die innere wie äußere Vielfalt wurde als eine riesige Häufung von Zufällen und Bedingungen ohne letztendliche Bedeutung erklärt. Sinngebende Einstellungen zum Geist und zur Welt konnten nur in den Ecken überleben, die noch nicht

[14] Steven Bachelor, Awekening of the West. Parallax Press, Berkeley CA, 1994

hochgradig materiell belegt waren. Z.B. mußte man aus der allgemein verbreiteten Sichtweise vom Gehirn als dem Hersteller des Bewußtseins schlußfolgern, daß bei dessen Zerstörung auch der Geist verschwindet. Diese Vorstellung brachte wenig Freude, sie würde das unerwünschte *Nichts* nach dem Tode bedeuten und wurde immer wieder angezweifelt, weil sie so vielen Wahrnehmungen und Wünschen der Wesen widersprach. Deswegen waren, nachdem die Trümmerfrauen die zerstreuten Backsteine neu gestapelt hatten und es im Westen dreißig Zahnpastamarken zur Auswahl gab, so viele zu einem Riesensprung bereit.

Zuerst erschienen als Eisbrecher die bewußtseinserweiternden Drogen wie das LSD mit für ihre Verbraucher überzeugenden, aber leider nur vorübergehend glückbringenden Wirkungen. Unsere jenseitigen, wonnevollen Einsichten in die Einheit von Bewußtsein und Außenwelt wurden seither durch Forschungsergebnisse untermauert. Mit immer genaueren Messungen werden sowohl die kleinsten Teilchen als auch das Weltall laufend weiter erforscht, aber eigentlich bestätigt sich alles wieder als raumgleich, und diesmal vielleicht auf Dauer. Die Sichtweise, daß alle Erscheinung Geist ist, und er seinem Wesen nach offener Raum, scheint unanfechtbar.

Innerlich sieht es folgendermaßen aus: Der Erleber kann sehr überzeugend als bewußter Raum verstanden werden, als das, was weiß und versteht. Die Geistesströme der Wesen sind dann Bewegungen darin, so wie Strömungen im Meer. Durch die Vorstellung von einem Selbst seit anfangsloser Zeit zusammengehalten, ist es nicht schwierig, nachzuempfinden, was ein unerleuchteter Geist erfährt: Da er das Unbedingte und Zeitlose seines Erlebers nicht erkennt, findet er keinen Weg durch Ursache und Wirkung hindurch und strebt entsprechend seiner Gewohnheit nach dem Wegfallen eines Körpers in einen weiteren eingeengten Zustand. Dabei könnte es so leicht sein! Der Geist besitzt keine dinglichen Merkmale, er ist wie der Raum, ohne Anfang und uferlos. Bis er das aber versteht, wird er den Strom seiner Eindrücke als wahr erleben und **umherirren in der Weite der bedingten Welt**.

Diese Traumähnlichkeit gilt, wie beschrieben, nicht nur für die inneren Erfahrungen. Auch die Welt, der allgemein als wirklich gesehene äußere Rahmen, ist nicht wirklich vorhanden. Die Teilchen, aus denen sie besteht, verschwinden ebenso wieder im Raum, wie sie daraus entstehen. Ohne Einengung durch die Vorstellungen von Sein und Nicht-Sein, von Erscheinung und Raum, entfalten sich selbsttätig alle erleuchteten Eigenschaften von Körper, Rede und Geist, eine Tatsache, die die Verwirklicher der buddhistischen Karma Kagyü Zentren ohne abgehobene Fachsprache häufig so sagen: Wenn nichts da ist, außen wie innen, ist das der Raum des Geistes. Wenn etwas erscheint, seien es äußere Welten oder innere Erfahrungen, ist das seine Klarheit, sein freies Spiel. Daß beides da sein kann, ist seine Unbegrenztheit. Daß Raum und Klarheit ungehindert spielen und untrennbar sind, zeigt die unendlichen Möglichkeiten des Raumes. Das ist die moderne Weise, es auszudrücken. Vor 2550 Jahren lehrte Buddha es mit diesen Worten: »Form ist Leerheit, Leerheit ist Form, Form und Leerheit sind untrennbar.« Schon damals setzte er diese letztendlich befreiende Einsicht in die Welt. Wer versteht, daß alles Geist ist, muß nur aus seiner Weisheit heraus leben. Er hat alle **Wurzeln der Unwissenheit** herausgerissen.

Es kann aber nur das entfernt werden, was der erleuchtenden Erfahrung im Wege steht. Dem unbegrenzten, klaren

Raum des Geistes selbst kann keine Wahrheit genommen oder hinzugefügt werden. Obwohl ihn Gelehrte seit Jahrtausenden durch Begriffe zu fassen suchen, kam er immer erst durch das Wegfallen aller Vorstellungen zum Vorschein. Trotz der Beispiele von so vielen großen Verwirklichern scheint dies für viele eine schwierige Einsicht zu sein. Logische sowie ganzheitliche Geistesschulungen haben hier ihren Sinn; tatsächlich kann man sich nur aus geordneten Sichtweisen und angenehmen Eindrücken heraus genügend entspannen und zu der unmittelbaren Erfahrung vom Geist wechseln. Keineswegs sollte man sich aber wie in diesem recht verstaubten Kinderwitz verhalten: Hier trifft eines Nachts ein Mann einen Freund beim Suchen unter einer Laterne. Er will wissen, was los ist. Der andere sagt: »Schlüssel weg.« Er fragt: »Wo?« und der Freund zeigt: »Da drüben.« »Warum suchst du dann hier?«, fragt er schließlich. »Ja, hier ist das Licht!«

Ähnlich geht es demjenigen, der den Geist in seinen Gedanken, Vorstellungen und Gefühlen sucht. Er entdeckt gar nicht, daß der Suchende das Gesuchte ist. Es ist der Geist, der sieht und wahrnimmt. Daher Karmapas Wunsch, die **Wurzeln der Täuschung** zu finden und herauszureißen. Je mehr man aus dieser Sicht heraus die Welt betrachtet, desto sinnloser wird jede zweiheitliche Einstellung. Geschehen und Raum sind dann Seiten derselben Ganzheit. Sie spielt in Erscheinung wie auch Nicht-Erscheinung in unendlicher Vielfalt. Auch wenn viele, um Überraschungen zu vermeiden, gerne diese Weisheit vom Kopf her angehen wollen, verbreiten sich nach der Begegnung mit einem Verwirklicher die Sicht wie auch die Erfahrung bald unwiderstehlich über alle Erfahrungsebenen. Die Kraft eines solchen *Sowohl-als-auch-Bewußtseins* ist so kraftvoll und erfüllend, daß Öffnungsängste verschwinden. Dadurch verschmelzen sogar höchste Fähigkeiten des Unterscheidens und glasklares Denken mit dem Augenblick des Erlebens.

Auch in unserer Zeit zeigen Vertreter des Diamantweges, wie sich jede Lage mühelos in selbstentstandene Freude umformen läßt. Für viele, die solche Lehrer kennen, sind sie das sichere Beispiel, daß Erleuchtung unerschütterlich und unbegrenzt ist und jenseits aller Begriffe liegt. Man spürt etwas Kostbares, alles Umfassendes und Kraftvolles.

ཡོད་པ་མ་ཡིན་རྒྱལ་བས་ཀྱང་མ་གཟིགས། །

Er ist nicht vorhanden, denn sogar die Buddhas
sehen ihn nicht;

མེད་པ་མ་ཡིན་འཁོར་འདས་ཀུན་གྱི་གཞི། །

er ist nicht nicht vorhanden, denn er ist die Grundlage
von allem, von Verwirrung wie von Einsicht.

འགལ་འདུ་མ་ཡིན་ཟུང་འཇུག་དབུ་མའི་ལམ། །

Dies ist kein Widerspruch – es ist der Mittlere Weg
der Einheit.

མཐའ་བྲལ་སེམས་ཀྱི་ཆོས་ཉིད་རྟོགས་པར་ཤོག །

Mögen wir die Wirklichkeit des Geistes,
die frei von Begrenzungen ist, erkennen!

VERS 11

Hier drücken wieder wenige Zeilen eine ganze Weltsicht aus. Was sich so knapp und vollendet liest, sind erleuchtete Einsichten der höchsten Ebene. Karmapas einfache Worte zeigen unmittelbar auf das Wesen des Geistes.

Hier wird sehr deutlich, daß in der Kagyü-Linie der Lehrer sogar kopfsteht, damit bei den Schülern das letztendlich befreiende Wissen ankommt. Um die alles entscheidende Einsicht in das Wesen des Geistes zu vermitteln, zeigt Karmapa in diesem Vers wie üblich zuerst auf dessen Raum. So will er steife Vorstellungen vom Wesen der Dinge entfernen und allen ermöglichen, jenseits der Begriffe von Sein und Nicht-Sein wahrzunehmen. Es ist ein unbeschreiblicher Reichtum, im Augenblick verweilen zu können und in allem zu Hause zu sein. Es geht hier um stärkste Erfahrungswerte. Eine ganzheitliche Entwicklung ist wie Rennfahren: Fliegt man aus der Kurve, war man zu schnell. Bleibt man drin, war man zu langsam. Wie gut, daß im Großen Siegel die Entwicklung im Kraftfeld der Zuflucht geschieht!

Der Geist ist nicht als irgendetwas Dingliches auffindbar; er ist nicht als etwas Wahrnehmbares vorhanden. Die Erleuchtung des jungen Siddhartha Gautama geschah, als er erkannte, daß es *keinen* eigenen, abgetrennten Geist gibt. So fielen Hoffnung und Furcht, Einengungen durch Morgen und Gestern, Anhaftung und Widerwillen weg, und die ungehinderte Entfaltung seines Bewußtseins machte ihn zu

einem Buddha. Weil der Geist bei jeder Untersuchung frei
von Gewicht, Gestalt, Farbe, Geschmack und Größe bleibt,
bezeichnete Buddha ihn als »leer«, also leer von solchen
Merkmalen. Dem heutigen Verständnis wären wohl Be-
schreibungen wie »raumähnlich« oder »kein Ding« zugängli-
cher. Die Japaner, ihrer Neigung folgend, sprechen von »no
mind«. Sie betonen damit die schlichte *Wahrheitsebene* des
Geistes, seinen Raum, während die spielerische Vielfalt der
Freudenebene vor allem die drei »alten« oder Diamantweg-
Schulen Tibets begeistert. Es geschieht ja auch alles mögliche. Ständig entstehen und vergehen die Welten und Erfahrungen äußerlich wie innerlich. Daß beides sein kann, der
Raum sowie sein Inhalt, ist kein Widerspruch, sondern zeigt
die Unbegrenztheit des Geistes, in der alles zusammen-
kommt.

Wer sich vor allem darauf einstellt, daß der Geist wie der
Raum ist, wird zunächst furchtlos. Was seinem Wesen nach
kein Ding ist, kann auch nicht zerstört werden. Das heißt
nicht, daß man leichtsinnig wird und durch dumme Fehler
sein Leben wegwirft. Der Begriff zeigt eher auf eine tiefe
Unerschrockenheit, die bis ins Mark der Knochen reicht.
Hier weiß und spürt man sicher, daß der Erleber aller vergänglichen Erscheinungen an sich unzerstörbar ist. Die
wachsende Erfahrung, daß der Geist seinem Wesen nach
Raum ist, schafft diese letztendliche Sicherheit. Und weshalb
ändert sie in so hohem Maße die Menschen? Weil man
früher schutzlos war.

Am Anfang einer geistigen Entwicklung denkt fast jeder,
er sei sein Körper. Dadurch werden aber Krankheit, Alter,
Tod und Verlust sehr wirklich, und Leid ist unvermeidbar.
Sattelt man also um und denkt lieber, man wäre seine Gedanken und Gefühle, hilft auch das wenig. Weil bedingt,

sind sie ihrem Wesen nach veränderlich und haben keinen Bestand. Angenehme Zustände kann man nicht festhalten, während es einen verwirrt, daß schlechte stärker werden, wenn man sie bekämpft.

Indem man erkennt, daß der Geist unbegrenzte Möglichkeit bedeutet und an sich unvergänglich ist, wird seine Vielfalt an Erscheinungen zur Freude. Dann erfährt sich Äußeres wie Inneres als sein Reichtum, und alles ist an sich frisch und neu. Sein Bewußtsein verbindet und umfaßt alles, und man handelt aus dieser Weisheit heraus im Hier und Jetzt. Verwirrung und bedingte Einsichten erscheinen, spielen frei herum und lösen sich im unendlichen Raum wieder auf. Deshalb beschreibt Karmapa den Geist als **nicht vorhanden** und zugleich **nicht nicht vorhanden**.

Was verbindet diese beiden Aussagen über den Geist ohne Widerspruch? Die Erkenntnis, daß beide, Raum und Klarheit, voneinander untrennbare Seiten derselben Unbegrenztheit sind. Im **Mittleren Weg der Einheit** – dem nicht klebenden Nirwana jenseits von Verwirrung und Anhaftung an bloße Ruhe – ergänzen sich die vorhergehenden Zeilen. Sie zeigen das uferlose Wesen des Geistes. Obwohl nur als grenzenloser, bewußter Raum beschreibbar, umfaßt und erfährt dieser Raum alles. Die Erkenntnis, daß dies so ist, heißt Erleuchtung. Die Unfähigkeit, es zu erkennen, ist die allen unerleuchteten Wesen eigene Verwirrung, die zum Erleben der vergänglichen Zustände und Leiden einer bedingten Welt führt.

Wer statt der wechselnden Bilder den Spiegel erkennt und das zeitlose Meer unterhalb seiner Wellen nicht verliert, wer den Erleber durch alle Erfahrungen hindurch wahrnehmen kann, wird unaufhörlich und ohne Zweifel zum Besten aller Wesen arbeiten. Zugleich sieht man Leid und Glück mit demselben freudvollen Staunen, einfach weil solche Erscheinungen möglich sind. Die Erkenntnis, daß der Geist ohne Einengungen ist, macht frei. Man genießt dann Erwartetes ebenso wie Unerwartetes und verliert keine Kraft. Die Meditationen des Diamantweges zielen genau auf diesen Zustand.

Marpa 1012 - 1097

འདི་ཡིན་ཞེས་པ་གང་གིས་མཚོན་པ་མེད །

Man kann ihn nicht aufzeigen, indem man sagt
»dies ist er«;

འདི་མིན་ཞེས་བྱ་གང་གིས་བཀག་པ་མེད །

man kann ihn nicht verneinen, indem man sagt
»dies ist er nicht«.

བློ་ལས་འདས་པའི་ཆོས་ཉིད་འདུས་མ་བྱས །

Die Wirklichkeit, jenseits des Verstandes,
ist nicht zusammengesetzt.

ཡང་དག་དོན་གྱི་མཐའ་ནི་ངེས་པར་ཤོག །

Mögen wir Gewißheit in der letztendlichen
Bedeutung erlangen!

VERS 12

Karmapa führt hier die breite Mahamudra-Erfahrung vom Wesen des Geistes weiter, das Herzstück der Karma Kagyü Linie. Er erläutert nochmals die Hauptlehren des Großen Siegels, die oft entweder mit zu vielen Worten überdeutet und kopflastig beschrieben werden oder unklar bleiben. Durch das Auflösen der Vorstellungen, die dem unmittelbar Erlebten der Einheit im Wege stehen, will er die seinen Schülern innewohnenden Eigenschaften zur vollen Erleuchtung reifen lassen.

Man kann ihn nicht aufzeigen, indem man sagt »dies ist er«. Auch dieser Vers ist 700 Jahre alt und klingt doch völlig modern. Karmapa betont erneut dieselben befreienden Hauptpunkte. Der Geist kann nicht als ein Etwas beschrieben werden, weil er dingliche Merkmale einfach nicht besitzt. Aufgrund der ständigen Erfahrungen kann man ihn aber auch nicht verneinen, es geschieht ja immer etwas, außen wie innen, was Unerleuchtete tatsächlich für wirklich halten. Der Geist als Erleber ist der zeitlose Raum. Was äußerlich wie innerlich entsteht, sich ändert, wahrgenommen wird und wieder verschwindet, ist dessen Klarheit. Daß es beides gleichzeitig geben kann, in ständigem Austausch begriffen und ohne sich gegenseitig zu behindern, zeigt seine Unbegrenztheit. Der Geist kann sich ohnehin nur jenseits aller Begriffe wirklich erkennen. Dies geschieht am schnellsten durch die ganzheitlichen Gefühle von Dankbarkeit, Vertrauen und Offenheit, früher Hingabe genannt. Ein so hautnahes Streben nach Erfüllung läßt Erwartung und Befürchtung immer weniger Raum. So werden Vorstellungen von Sein und Nicht-Sein wurzellos, und der Geist muß sich erfahren.

Ein überzeugenderes Beispiel für die Kraft dieses alles einschließenden und umgestaltenden Weges als der große Verwirklicher Milarepa ist wohl schwer zu finden. Obwohl er seine Laufbahn vor 950 Jahren in Tibet mit dem Töten von 35 Feinden im Auftrag seiner Mutter anfing, verschwand er nach dreißig Jahren Anwendung von Mitteln und Sichtweise des Großen Siegels in einem Regenbogen. Dazwischen brachte zahllose Wesen auf den Weg zu ihrer vollen Erleuchtung, handelte furchtlos, ungekünstelt und immer im Hier und Jetzt.

Warum verwendet Karmapa bereits mehrere Verse, um dasselbe zu erklären? Es gibt keine andere Vollkommenheit, als den eigenen Geist zu erfahren. Ein begriffliches Verstehen reicht hier nicht aus. Nur durch die Wiederholung derselben einfachen Grundsätze gehen solche Lehren ausreichend in die Tiefe und bringen die unerschütterliche innere Reife, auf die Verlaß ist. Jede oberflächliche Einsicht oder das Wiedergeben von nur angelerntem, nicht erfahrenem Wissen sind viel zu wenig und eng.

Es ist nicht schwierig zu erkennen, daß man sich erst auf dem Weg zu einem dauerhaften Zustand befindet. Obwohl es selbstverständlich das Ergebnis von sehr gutem Karma ist, überhaupt herausgefunden zu haben, daß alles Glück im Geist zu finden ist, gibt es auf dem Weg noch einiges zu bedenken. Die Hauptstörquelle der Unerleuchteten ist die falsche Wahrnehmung, man wäre ein von der Ganzheit getrenntes *Selbst* oder hätte ein eigenes, bestehendes *Ich*. Daraus entsteht der Wunsch, diese Vorstellung mit bleibenden, angenehmen Eigenschaften auszustatten, was gar nicht möglich ist, weil alles dem Bereich des Bedingten angehört.

In diesem Wettlauf möchten einige mutig sein. Sie machen deshalb einen Fallschirmsprung, lernen eine »wilde« Frau oder einen spannenden Mann kennen oder kaufen sich ein schnelles Motorrad. Andere sehen die große Bedeutung von Großzügigkeit ein und spenden ihrem buddhistischen Zentrum etwas. Wer Weisheit erwerben will, versucht es mit ein paar Büchern über Weltanschauungen. Doch bei jedem Versuch, diesem nicht wirklichen *Ich* genießbare Fähigkeiten hinzuzufügen, lohnt sich der Aufwand nur kurzfristig. Wenn man Teilentwicklungen anstrebt, die das Ich zusätzlich steuern möchte, bleibt tatsächlich das Gesamtbild immer recht unausgeglichen. Es gibt vor allem viel unentschlossenes Hin und Her. Man denkt häufig: »Wenn ich jetzt diese Eigenschaft als die meine anerkenne, müßte ich jene auch wertvolle aufgeben, die ich mir schon einverleibt habe.« So entsteht ein ständiger, ungewollter Pferdehandel, bei dem man blinde Pferde gegen zahnlose eintauscht, ohne dauerhaften Vorteil davon zu haben. Der erworbene äußere Mut bringt vielleicht im inneren Bereich wenig. Weil man die neuere Kagyü-Geschichte nicht mitverfolgte, kommt die Großzügigkeit jetzt den Rotchinesen zugute. Und vielleicht stellt sich eines Tages heraus, daß man dummerweise die verkehrten Bücher gelesen hat. Wer versucht, aus einem *nicht vorhandenen Selbst* oder *Ich* zusätzlich ein »vergeistigtes Selbst« oder ein »hohes Ich« zu machen, wird seine Mitte nicht finden. Auch bei ständiger Anstrengung ist es unmöglich, durch den eigenen Willen alles rund zu machen, schließlich ändern sich die äußeren Bedingungen die ganze Zeit.

**Die Wirklichkeit, jenseits des Verstandes, ist nicht zu-
sammengesetzt.** Ein tiefes Vertrauen dem Hier und Jetzt gegenüber bringt dagegen alles zur vollen Blüte. Man kann
dieser tollen Erfahrung das Dach aufsetzen, sobald die nötigen Grundmauern und Wände von Verhalten und innerer
Einstellung stehen. Hier wird erkannt, daß höchste Wahrheit
gleich zeitloser Freude, Kraft, Zuversicht und Liebe ist, daß
alle vollkommenen Eigenschaften von selbst aus dem leuchtenden Raum entstehen. Jenseits aller Zweifel wird klar, daß
alle Wesen – man selbst wie auch andere – Buddhas sind,
die es nur noch nicht erkannt haben, daß wir umgeben sind
vom Bereich höchster Freude, wo jedes Teilchen vor Erfüllung schwingt und von Liebe zusammengehalten wird. Auf
den Ebenen des Großen Siegels muß niemand woandershin
gehen, um Buddhas zu begegnen, oder sterben, um in ein
»Reines Land« zu kommen: Die Reinigung der Wahrnehmung genügt! Sogar die schönste Erwartung oder der nette-
ste Tagtraum verblassen völlig neben dem Reichtum des
tatsächlich Geschehenden. Die Erfahrung des Geistes von
seiner Raum-Klarheit-Unbegrenztheit ist Erleuchtung. Ab da
erscheinen alle ihm innewohnenden, vollkommenen Eigenschaften ohne Ende.

Und was ist die **letztendliche Bedeutung**, die Erleuchtung genannt wird? Da Karmapa diesem Zustand fünfundzwanzig Verse widmet, hier nochmals ein paar Aussagen
dazu:

Eigentlich ist das Große Siegel nichts als die stete, bewußte, ungehemmte Entfaltung des gereinigten Geistes. Die
Grundlage dazu bildet die zeitlose Buddhanatur aller Wesen. Die Wege dorthin führen von der Arbeit mit Ursache
und Wirkung über die Entwicklung von Mitgefühl und Weisheit zur Verschmelzung mit der Erleuchtung, wenn möglich

früh durch den Turbolader der höchsten Sicht verstärkt. Das Ziel besteht in dem selbstbefreienden, mühelosen Ausdruck aller Möglichkeiten des Raumes, und dessen Verwirklichung zeigt sich in den drei Ebenen, den vier Tatbereichen und den fünf Weisheiten.

Wie drückt sich dieser Geisteszustand im Leben aus? Wenn ein Mensch erkannt hat, daß sein Wesen Raum ist, vermittelt sein Verhalten unentwegt Einsicht und Sicherheit. Freudenzustände und Dankbarkeit, die ohne äußere Ursachen entstehen, zeigen seine Erfahrung von der spielerischen Klarheit des Geistes. Sein Verweilen in dessen Unbegrenztheit drückt sich schließlich durch tatkräftiges, humorvolles und auf die Zukunft zielendes Mitgefühl aus.

Wer die Erleuchtung erreicht hat, handelt ohne die Wahrnehmung von einer Trennung zwischen Handelndem, Gegenstand und Tat. So führt man je nach den Bedürfnissen und Fähigkeiten der Wesen die befriedenden, bereichernden, begeisternden und kraftvoll schützenden Taten aus, die ihnen weiterhelfen.

Auch die erleuchteten Weisheiten erscheinen von selbst im Hier und Jetzt, ohne jede Anstrengung. Sie sind nichts als die wahre Sicht der Störgefühle und ihre für das tägliche Wohlbefinden so sinnvolle Umformung verdient es, mehrmals erwähnt zu werden. Zorn wird als ein spiegelähnlicher Zustand erkannt, Stolz wird zur ausgleichenden Weisheit, Anhaftung zur Fähigkeit zu unterscheiden, Eifersucht verwandelt sich in die Kraft, Erfahrungen aneinanderzureihen, und sogar Verwirrung wird zur allesdurchdringenden Einsicht. Daß Karmapa seinen Lesern diese letztendliche Bedeutung als wahres Ziel empfiehlt, ist nicht schwer zu verstehen!

འདི་ཉིད་མ་རྟོགས་འཁོར་བའི་རྒྱུ་མཚོར་འཁོར། །

Erkennt man das Wesen des Geistes nicht, treibt man
im Meer der Verwirrung umher;

འདི་ཉིད་རྟོགས་ན་སངས་རྒྱས་གཞན་ན་མེད། །

erkennt man es, ist Buddhaschaft nicht woanders;

ཐམས་ཅད་འདི་ཡིན་འདི་མིན་གང་ཡང་མེད། །

dann gibt es kein »er ist dies, er ist nicht das« mehr.

ཆོས་ཉིད་ཀུན་གཞིའི་མཚང་ནེ་རིག་པར་ཤོག །

Mögen wir die Natur der Wirklichkeit, die Grundlage
von allem, erkennen.

Vers 13

Erkennt man das Wesen des Geistes nicht, treibt man im Meer der Verwirrung umher. Die Erfahrung bedingter Welten sowie jedes andere Leid der Wesen haben nur die eine Ursache, daß der unerleuchtete Geist sich nicht selbst erfährt. Wer den Spiegel hinter seinen Bildern nicht wahrnimmt, wer das Meer unterhalb seiner Wellen verkennt, wird Bedingtes und Vergängliches für wirklich halten. Dadurch wird der Geist hin- und hergezogen von schönen und unschönen Erlebnissen und vergeudet seine Kraft in Hoffnung und Furcht. Unvermeidbar wird er in Vergangenheit und Zukunft festhängen.

Unfähig zu verstehen, daß Erleber, Erlebtes und Erleben sich gegenseitig beeinflussen und verschiedene Seiten derselben Ganzheit sind, erfährt sich der Raum des Geistes als ein *Ich* und nimmt seine Klarheit – sein freies Spiel – als ein *Du* oder etwas von ihm Getrenntes wahr. Aus dieser erlebten, aber nicht vorhandenen Zweiheit entstehen die grundlegenden Störgefühle von Verwirrung, Anhaftung und Widerwillen, die weitere schwierige Zustände wie Geiz, Eifersucht und den ausschließenden, nicht den diamantenen, einbeziehenden, Stolz nach sich ziehen. Wie früher erwähnt, spricht Buddha von 84'000 möglichen Verbindungen dieser Grundübel, deren Gegenmittel seine ebenso zahlreichen Belehrungen sind. Genau betrachtet ist die Erfahrung von Störgefühlen eine Selbstreinigung des Geistes, so wie alle anderen Leiden auch. Man wird Belastungen los. Schafft man es, solche Zustände vorbeiziehen zu lassen, ohne sich dadurch in neues Unheil zu verwickeln, bedeuten sie eine Loslösung von schwierigen, unterbewußten Eindrücken. Somit stellt ihr bloßes Erscheinen eine Reinigung des Geistes dar. Aus ihrer Beobachtung wächst die Kraft, anderen in ähnlichen Lagen zu helfen.

Das Tückische an Störgefühlen ist, daß man sie trotz ihrer Unbeständigkeit für wirklich hält und ihnen entsprechend handelt. Bis zur Befreiung ist das so. Werden sie nicht gereinigt, reifen die ihretwegen durch Körper, Rede und Geist gesäten unguten Samen später als äußere und innere Schwierigkeiten heran. Wenn sie dann auftreten – und sie erscheinen *immer*, wenn nicht vorher durch Meditation entfernt –, will niemand mehr ihre Ursache gewesen sein. Also handelt man wieder uneinsichtig, schädigt andere durch seine Worte und Taten und kann sich aus eigener Kraft kaum aus diesem Kreislauf befreien.

Solange man das Wesen des Geistes nicht erkennt, bleibt jede Erfahrung durch die innere Einstellung gefärbt und in Ort und Zeit begrenzt. Weil nur die Abfolge der eigenen Erlebnisse wahrgenommen wird, und nicht der zeitlose Raum des Bewußtseins, reißt somit auch die Kette bedingter Wiedergeburten nicht ab. Sogar die glücklichsten unerleuchteten Wesen ruhen nicht in sich, sind nicht aus sich heraus wunschlos zufrieden. Auch sie greifen nach Glück und versuchen, jedes Leid zu vermeiden. Sie bemühen sich vergeblich, Angenehmes festzuhalten und um alles Schwierige herumzukommen, was grundsätzlich nicht möglich ist.

Erkennt man es, ist Buddhaschaft nicht woanders. Den Geist so zu verstehen, wie er ist und immer war, befreit einen augenblicklich. Es ist das Ende jeder einengenden Zweiheit. Die Störgefühle entknoten sich dann von selbst. Klotzige Taten und Worte verlieren ihre Wurzel und eigene leidvolle Erfahrungen sowie komisches Verhalten werden nur noch bestaunt. Dafür erscheinen alle zeitlosen und vollkommenen Eigenschaften aus der Weite des Geistes. Die Erfahrung, daß der erlebende Raum unzerstörbar ist, daß er sich unendlich reich ausdrückt und in seiner Vielfalt durch nichts behindert werden kann, läßt alle Erwartung und Befürchtung wegfallen. Wenn die leuchtende Kraft des Geistes sich immer stärker hinter seinen wechselnden Eindrücken erkennt, zeigen sich furchtlose Allwissenheit, selbstentstandene Freude und tatkräftige Liebe. Der Buddha-Zustand ist nichts anderes als das. Alles Bedingte ist in ständigem Fluß begriffen. Sein wie Nicht-Sein, Erscheinung wie Nicht-Erscheinung sind Ausdruck derselben Ganzheit. Deswegen ist weder die äußere noch die innere Welt durch die *Entweder-oder-Sicht* erfaßbar. Obwohl man auf der bedingten Ebene so handeln muß, als wäre die gerade erfahrene Erscheinungswelt wahr, ist aus letztendlicher Sicht alles Äußere wie Innere zusammengesetzt und vergänglich.

Buddha selbst nannte die Erscheinungswelt eine Wahnvorstellung, einen Regenbogen, eine Luftblase im Wasser, ein Trugbild usw. Eine moderne Sicht wäre die von einem äußeren Rahmen, der sich aus den unzähligen gemeinsamen Neigungen der Wesen laufend verdichtet, gesehen durch die gefärbten Brillen der eigenen wechselnden Einstellungen. Beide sind karmisch bedingt, beruhen auf Ursachen und Wirkungen, und man kann sich daraus befreien. Die Auflösung der eigenen gefühlsbedingten Verfärbungen der Welt heißt Befreiung, das zusätzliche Wegfallen aller steifen Vorstellungen ist dann die Erleuchtung. Hier arbeitet und genießt der Geist ohne jedes Hindernis.

Die aus der letztendlichen Sicht des Großen Siegels als freies Spiel des Möglichen erscheinenden und aus bedingtem Verständnis heraus den Neigungen der Wesen entsprechenden Welten sowie die eigenen Wahrnehmungen davon sind also beide Geist. Sie bestehen aus dem, was Vererbung, die Sinne und wechselnde Launen der Wesen aus dem Raum entstehen lassen und was sie dadurch erleben. Weil all das keine Beständigkeit besitzt, eröffnet einem die Einsicht, daß der Geist an sich klares Licht ist, sofort den zeitlosen Zustand einer ungefärbten Erfahrung. Diese Einsicht entlarvt Einengungen durch Morgen und Gestern, durch Festhalten und Wegschieben als bedingt und nicht notwendig. Das Wegfallen aller begrenzten Sichtweisen ist die Vervollkommnung an sich. Wer sich weder beweisen noch entschuldigen muß, sondern in allem den Reichtum des Geistes ausdrückt, hat sich schon verwirklicht. Kein Wunder, daß Karmapa den Wesen das wünscht!

Wenn Buddhas Schüler sich echten Fragen zum Wesen der Dinge stellten, und zugleich eine menschliche Reife aufwiesen, die der Ebene der Lehren entsprach, gab er freudvoll seine höchsten Einsichten weiter. Wollten die Fragenden aber nur ihre Gelehrtheit zeigen, Buddha aufs Glatteis locken oder sich altklug zu etwas äußern, wurden seine Belehrungen plötzlich viel hautnaher. Er fragte dann in einer bekannten Unterhaltung: »Was würdest du tun, wenn du von einem vergifteten Pfeil getroffen wärst? Viele Fragen zum Schützen stellen, wer er ist, wo seine Sippe wohnt usw., oder den Pfeil herausreißen?« Nach der zu erwartenden Antwort fuhr Buddha fort: »Vergiß nicht, daß Du schon getroffen bist. Du wurdest geboren und wirst deshalb sterben. Was willst Du jetzt mit Deiner Zeit tun? Viele Fragen zu Dingen stellen, die Dir nicht helfen können, oder den Pfeil entfernen? Bring jetzt Deinen Geist auf eine Ebene, die durch Krankheit, Alter und Tod nicht mehr zu erschüttern ist!«

Milarepa 1052 - 1135

སྣང་ཡང་སེམས་ལ་སྟོང་ཡང་སེམས་ཡིན་ཏེ།

Erscheinung ist der Geist, und so ist Leerheit;

རྟོགས་ཀྱང་སེམས་ལ་འཁྲུལ་ཡང་རང་གི་སེམས།

Erkenntnis ist der Geist, und Verblendung ebenfalls;

སྐྱེས་ཀྱང་སེམས་ལ་འགགས་ཀྱང་སེམས་ཡིན་པས།

Entstehen ist der Geist, und Auflösen auch.

སྒྲོ་འདོགས་ཐམས་ཅད་སེམས་ལ་ཆོད་པར་ཤོག།

Mögen wir jedes Zuschreiben und Verneinen in bezug
auf den Geist durchschneiden!

VERS 14

Erneut zeigt Karmapa auf die grenzenlose, widerspruchslose Weite des Erlebers: alles ist **Geist**, ob es durch Vorstellungen und Begriffe erfaßt wird oder nicht. Aus immer neuen Blickwinkeln erläutert er, daß der, der in sich selbst ruht, schon alles hat. Wer nicht im Morgen oder Gestern festhängt, wer Erleber, Erlebtes und Erleben eine Einheit sein lassen kann, wer nicht hofft oder fürchtet, dem steht jede Einsicht und selbstentstandene Tatkraft zur Seite. Gegen die wachsende Gewißheit, daß alles an sich wahr ist und sich mühelos ergänzt, kann sich auf Dauer kein Ich-Wahn wehren. Also zerfällt der von ihm beherrschte Bereich, und die erleuchteten Eigenschaften des Geistes treten natürlich hervor. Wie schon in früheren Versen stellt Karmapa hier wieder das Wahrgenommene vor den Raum, den freudigen Ausdruck vor die Wahrheitsebene, aus der er entsteht.

Erscheinung bezeichnet die Klarheit des Geistes, seinen Reichtum und seine Vielfalt. Wie wirklich die Dinge auch erlebt werden, nichts bleibt dauerhaft erhalten. Alles ist bedingt und zusammengesetzt, ob von innen oder von außen betrachtet. So wie jede Wahrnehmung in den Raum zurückkehrt und nicht bleiben kann, fehlt auch allem Dinglichen ein an sich bestehender Baustein, der es wirklich machen würde. In Kernschleudern aufeinander geschossen, verschwinden sogar die kleinsten Teilchen und die ganze Welt entpuppt sich als der schon beschriebene gemeinsame Traum.

Leerheit weist auf die Raumnatur des Geistes hin, auf seine zeitlose Grundlage. Sie zeigt auf den Erleber selbst und das Noch-nicht-Geschehene. Ihrer Weite wohnen alle Möglichkeiten inne. Kein Karma, keine gespeicherten Eindrücke können sie einengen; sie ist, war und wird immer völlig frei sein.

Erkenntnis ist Geist. Das Wort bezeichnet hier den Zustand, wo der Geist sein eigenes Wesen erfährt. Wo das Auge in den Spiegel schaut und sich selbst sieht... Wo das Meer sich unterhalb seiner Wellen bewußt wird und der Erleber sich als zeitloses, Klares Licht erkennt. – In diesem Augenblick werden die endlosen, ungehinderten Eigenschaften des Geistes hervorstrahlen. Ungestört von äußeren Einflüssen und inneren Vorstellungen werden sie ständig vermitteln, daß Erleuchtung nichts anderes ist als die Erkenntnis von der Leerheit, Klarheit und Unbegrenztheit des Bewußtseins.

Verblendung bezeichnet dagegen den Zustand des Geistes, bevor er seine letztendlichen Eigenschaften erkennt. Hier wird nicht der zeitlose Spiegel gesehen, sondern nur seine Bilder. Wer ohne die letztendliche Sicherheit des Raumes lebt, wird vergängliche Erlebnisse sowie eigene Vorstellungen für wirklich halten und je nach Gemütslage mit ihnen schwanken. Man ist dann wie ein Auge, das nur die Eindrücke wahrnimmt, jedoch sich selbst nicht. Da sich aber alles ständig ändert, je nachdem, welche gemeinsamen und eigenen Eindrücke – Karma – heranreifen, führt das mal zu bedingten Freuden und mal zu vergänglichem Leid. Man erntet zwar nur, was man an Gedanken, Worten und Taten selbst gesät hat, aber da die Früchte zeitlich versetzt heranreifen und von einem Leben zum nächsten weiterwirken, verstehen die Wesen häufig nicht, warum ihnen bestimmte Dinge widerfahren. Sie bleiben verwirrt.

Entstehen benennt die freie Entfaltung des Geistes, sein Spiel, den Ausdruck seiner Fähigkeiten. Diese Kraft wird erfahrungsbereichernd für die Entstehungsphase (tib.: Kyerim) der Diamantweg-Meditationen verwendet. Sie läßt die Licht-Energie-Buddhas und ihre Kraftfelder erscheinen, Ebenen reinen Gewahrseins. Aus diesen heraus gelingt der weitere, endgültige Schritt in den Wahrheitszustand viel leichter als aus dem gefühlsbeladenen Alltagsbewußtsein der Wesen.

Auflösen bedeutet das selbstbefreiende Zurückkehren der Erscheinungen und Wahrnehmungen in den Raum. Kann man sich währenddessen des Erlebers bewußt bleiben, ohne auf äußere oder innere Mittel angewiesen zu sein, ist das die allesdurchdringende Einsicht. In einer Diamantweg-Meditation wird das ganzheitlich durch eine gelungene Vollendungsphase erreicht, wobei Buddhagestalten oder der Lama mit den Übenden verschmelzen und uferloser, zeitlos strahlender Raum entsteht. Dies ist dann die Stufe der Vervollkommnung (tib.: Dzogrim).

Vor 2550 Jahren erklärte Buddha die ganze Sachlage mit dem bekannten Satz: »Form ist Leerheit, Leerheit ist Form, Form und Leerheit sind untrennbar«. Das Große Siegel, erst 1500 Jahre auf Sanskrit »Mahamudra« und seit 1000 Jahren auf tibetisch »Chagchen« genannt, bezeichnet gerade diese Erfahrung. Sie besiegelt, daß beide, Erleber wie Erlebtes, Raum wie Erscheinung, gegenseitig bedingt, aber zugleich ohne Eigennatur oder dauerhafte Merkmale sind. Dasselbe gilt für die Unbegrenztheit, die beide ermöglicht. Alle drei sind sich ergänzende Seiten des Wesenszustandes, der furchtlose Wahrheit, selbstentstandene Freude und vorausschauende, kraftvolle Tat untrennbar verbindet. Sie sind Wasserdampf, Wolken und Regen vergleichbar, die alle Wasser sind.

Im Erfahrungsbereich der Verwirklicher, jenseits allen **Zuschreibens und Verneinens**, entfaltet der Geist seine Eigenschaften ständig und mühelos. Es gibt nichts Edleres. Karmapa unterstreicht deswegen immer wieder, daß dem Geist alles entspringt. Seinem Wesen nach ist er selbstentstandene Erleuchtung, sie wohnt ihm anfangslos inne. Was auch erscheint, außen wie innen, entsteht aus seinem Raum, entfaltet sich darin, wird durch seine Klarheit erkannt und löst sich in seiner Unbegrenztheit auch wieder auf. Karmapa rät uns, diesen Vorgang gelassen und ohne Zögern zum Besten aller zu beeinflussen, mit vollem Vertrauen in die Unzerstörbarkeit und letztendliche Vollkommenheit von dem, was handelt und erfährt.

Diese Gewißheit vom Wesen des Raumes, dem grundsätzlich nichts genommen werden kann, ist die Grundlage für wahrhaft Großes. Daß sogar hinter wildesten Wellen und spannendsten Bildern Meer und Spiegel in ihrer Kraft noch viel sinnreicher und strahlender sind, ist die Einsicht der drei Diamantweg- bzw. »Rotmützen-Schulen« des tibetischen Buddhismus. Ihr Weg verbindet die Sichtweise vom Raum als Freude mit ganzheitlichen Rückkopplungserfahrungen. Durch sehr wirksame Meditationen drücken sie unzählige Knöpfe im Speicherbewußtsein des Übenden und bringen über wenige Jahre Veränderungen hervor, für die er beim bloßen Studieren viele Leben hätte verwenden müssen. Weil der Diamantweg die Ganzheit der Wesen belebt und Gefühle, Triebe und Träume in den Erleuchtungsvorgang mit einspannt, entsteht die gesuchte letztendliche Reife sehr schnell. Durch ihn erlebt man das Zeitlose und sieht, was hinter und zwischen den Gedanken ist und alles hervorbringt, weiß und kann. Hierdurch wird einem mit schier unbeschreibbarer Wonne klar, daß der Geist bewußt sein kann, **ohne sich einer Sache** bewußt zu sein, und daß seine vollkommenen Eigenschaften keineswegs vom Erleber entfernt werden können. Wer die Mittel zu solchen Erfahrungen einsetzen kann, sollte sich glücklich schätzen: er wird nur glücklicher werden.

Wie kann man das **Zuschreiben und Verneinen** vermeiden, das einem die Frische dieser Erfahrung stiehlt? Buddha rät einen Angriff auf Trägheit und Gewohnheiten, der äußere, innere und geheime Fronten umfaßt. Es bedeutet nach außen hin, das zu vermeiden, was Leid bringt, zusätzlich ein reiches Innenleben voller Mitgefühl und Weisheit zu entwickeln und sich auf der geheimen Ebene der Sichtweise in allem wie ein Erleuchteter zu verhalten.

Eine sinnvolle Anwendung der höchsten Lebenskunst wäre es, gleichzeitig auf allen drei Ebenen zu arbeiten. Am wichtigsten ist dabei die geheime Ebene der Sicht, der Augenblick der ursprünglichen Frische. Das erste »Aha« einer spannenden Einsicht soll so selten wie nötig durch Beurteilungen, Vorstellungen oder Begriffe überdeckt werden, statt dessen beläßt man das strahlend Neue bei jeder Erfahrung ungestört. Während der Zustand des unmittelbaren Erlebens ohne Einengung bleibt, ist man sich gleichzeitig der karmischen Bedingtheit seiner Erfahrungen und Sinne bewußt und nutzt sein Wissen und seine Freiheit, um das Wahrgenommene auf die letztendliche Einsicht vom Wesen der Dinge abzustimmen und diese zu vertiefen.

Das augenblicklich Zeitlose darf also nicht verwelken, während man zugleich die bedingte Welt genießt und zum Besten anderer beeinflußt. Man erfreut sich zutiefst der erstaunlichen Vielfalt selbstentstandener Erfahrungen, die von dieser Ebene aus gesehen nur Sinn und Entfaltung ist, fährt aber gleichzeitig den Werkzeugkasten der weltlichen Weisheiten neben sich her, um aus befreiter Sicht heraus die Erscheinungswelt möglichst dauerhaft zu verbessern. Solange die Wesen ihre vergänglichen Zustände als wirklich mißverstehen und durch sie bedingt Glück und Leid erfahren, ist das wichtig. Wie früher schon festgestellt, ist Nützliches zu tun und Störendes zu vermeiden nicht nur im Alltag sinnvoll. Obwohl der Geist letztendlich zeitlos und alles Bedingte vergänglich ist, kann man aus einem guten Traum in Befreiung und Erleuchtung aufwachen. Aus einem schlechten Traum gerät man nur in immer mehr Leid hinein!

Nichts ist wahrer als der ungekünstelte Strom nackter Erfahrung, den ein unerschrockener Geist erfährt. Er enthält den ganzen Reichtum von Liebe und Abenteuer. In ihm verschwinden Trennung, Vergangenheit und Zukunft im Erlebnis von der Kraft des Möglichen.

Wenn man seiner selbst sicher wird, weitgehend ungefärbt von Störgefühlen die Dinge wahrzunehmen, bekommen Ausdrücke wie »Erster Gedanke – bester Gedanke!«, oder eher »Erste Einsicht – wahrste Einsicht!« Sinn. Gedanken sind ja bereits die Teilverarbeitung eines Erlebnisses und geschehen aus einigem Abstand.

Buddhas Lehre ist bekanntlich ohne Glaubenssätze und jeden anderen Zwang. Deswegen gehören begabtes Zweifeln und kritisches Beobachten für viele zum Erleuchtungsweg. Man versteht dadurch selbst immer mehr und schärft den durch die Lehre geschulten Blick für das, was anliegt. Das ermöglicht einem, später anderen zu helfen. Weil nichts unklar bleibt, wird die Entwicklung der Schüler weder durch undurchsichtige noch durch nicht erfahrbare Behauptungen gestört.

Bei Menschen, die eigenverantwortlich und ohne einen richtenden Gott im Nacken leben wollen, beruhen Schwierigkeiten mit Buddhas Lehre meistens auf mangelnden Kenntnissen. Man hat entweder noch nicht genug oder nicht das für einen Sinnvolle gelernt. Die Vielfalt der Mittel bietet jedoch jedem etwas. Wer in die Lehren tiefer eindringt, wird feststellen, daß Buddha auf mehreren Ebenen zeigt, wie die Dinge sind. Seine Schüler sollen nicht glauben, sondern wissen und selbständig werden. Wenn man versteht, was *letztendlich* und was *bedingt* ist, wird man sowieso zum Besten aller arbeiten.

Deshalb liegt man mit allem Gestelzten und Gezwungenen daneben. Es engt die Welt ein und bindet einen an Vergangenheit und Zukunft. Jede spontan entstehende, mühelose Einsicht ist ein Blick in die Erleuchtung. Er trübt sich aber, sobald der erste gekünstelte Gedanke für wirklich gehalten wird. Das ist unnötig. Außerhalb des ganzheitlichen Zustandes gibt es ohnehin nichts wirklich Sinnvolles. Wer dem Ungeschehenen in der gegebenen Lage nicht vertraut, wird die unendlichen selbstbefreienden Möglichkeiten des noch nicht Geschehenen kaum wahrnehmen können.

Im uferlosen Augenblick des Erlebers zu verweilen – und eine andere erleuchtende Lösung gab es nie – ermöglicht die Erfahrung aus der eigenen Mitte heraus. So wird offenkundig, daß Raum gleich Wissen ist, daß er zeitlos alles umfaßt und verbindet.

ཐློས་ཉམས་རྩོལ་བའི་སྒོམ་གྱིས་མ་བསྒྱུད་ཅིང་།

Unverschmutzt von angestrengter Meditation,
die sich in geistigem Erschaffen müht,

ཐ་མལ་འདུ་འཛིའི་རླུང་གིས་མ་བསྐྱོད་པར།

und nicht umhergetrieben vom Wind allgemeiner
Geschäftigkeit,

མ་བཅོས་གཉུག་མ་རང་བབ་འཇོག་ཤེས་པའི།

mögen wir verstehen, wie man den Geist in seiner
Ungekünsteltheit beläßt,

ཉམས་དོན་ཉམས་ལེན་མཁས་ཤིང་སྐྱོང་བར་ཤོག།

und im Erleben des Geistes geschickt und ausdauernd sein!

VERS 15

Der Vers fängt dramatisch an. **Unverschmutzt** ist ein starkes Wort im Munde eines Erleuchteten, es weist auf höchste Gefahrenstufe hin, und das ist hier auch der Fall: Genau die unmittelbar danach erwähnten Punkte sind es, die der Vollkommenheit und dem Glück aller Wesen im Wege stehen.

Nach der freudvollen Einsicht der vorhergehenden Verse, daß alles Geist ist, geht es hier um die Absicherung dieser Erfahrung, um die Festigung des Erreichten. Nachdem Karmapa in den ersten beiden Zeilen zwei wichtige Hindernisse für eine wirksame Vertiefung aufgezeigt hat, eben das Verkrampftsein und das Zerstreutsein, erklärt er danach, wie der Verwirklicher jede Erfahrung überschauen und zu einem Schritt auf dem Weg zur Erleuchtung machen kann.

Zunächst zielt er mit allen Geschossen auf die innere Ebene: **Unverschmutzt von angestrengter Meditation** – Was meint er damit? Sie ist gar keine! Meditation bedeutet nicht, etwas erschaffen zu wollen, sondern umsichtig im augenblicklichen Vertrauen zu verweilen, in der Erfahrung von dem, was ist. Man bleibt also in der Mitte der vorhandenen Kraftkreise, ist entspannt in der Vielfalt der Geschehnisse, verweilt fröhlich und bewußt im Augenblick des Erlebens. Hier muß nichts entschuldigt oder bewiesen werden, kein Festhalten oder Wegschieben hätte Sinn. Man ruht mit offenen Sinnen in der Gegenwart, ist mit dem eins, was ist.

In wahrer Vertiefung wird die anfangslose Weite des Geistes erfahren. Jenseits aller Vorstellungen und ohne jeden Zweifel wird wahrgenommen, daß Bewußtsein gleich Raum ist. Man versteht, daß jede Erfahrung seine Klarheit ausdrückt, und daß das Vorhandensein beider seine Unbegrenztheit ausmacht. Statt ruhelos sein Heil in ständig neuen Ablenkungen zu suchen, was oft für Glück gehalten wird, strahlt der Geist von sich aus. Seine Leuchtkraft ist nichts anderes als seine ihm innewohnende Fähigkeit zur Wahrnehmung. Sie erscheint ungetrennt vom Erleben selbst.

In echter Meditation sind Gedanken kein Feind. Was ihr Inhalt auch sein mag, man sieht sie aus eigener Kraft entstehen und läßt sie ebenso entspannt vorbeiziehen und sich wieder auflösen wie den Anblick spielender Kinder. Hätte der Geist die Gedanken nicht, wäre er ärmer! Wenn sie weder Anhaftung noch kopflastige Vorstellungen auslösen, stören sie keineswegs. Im entgegengesetzten Fall, wenn nichts erfahren wird, glaubt man aber auch nicht, in ein schwarzes Loch gefallen zu sein.

Im Hier und Jetzt verweilend, wird das Bewußtsein wie ein Glas lehmiges Wasser, in dem sich die Teilchen abgesetzt haben. Seine Klarheit benötigt nichts von woanders und zeigt äußere wie innere Geschehnisse immer deutlicher.

Da die Erfahrung vom Geist im Diamantweg und vor allem für das Große Siegel unentbehrlich ist, hier noch etwas zur ersten Zeile: Was geschieht eigentlich bei einer Vertiefung? Es entsteht eine bewußte Offenheit. Über längere Zeiträume hinweg und immer überzeugender wird Raum als das wahrgenommen, was hinter und zwischen den Erlebnissen liegt und diese versteht. Man erkennt ihn dabei als die zeitlose Grundlage aller Dinge und als an sich wahr. Befreiende Einsichten und Buddhas erscheinen ohne Anstrengung und als Ausdruck der ihm innewohnenden Erleuchtung, seiner unendlichen Weite, wo und wann immer sich der Geist erfährt.

Die Unterschiede zu den Mitteln und Sichtweisen anderer Religionen sind also grundlegend, auch wenn es viele nicht hören mögen. Einsgerichtete hinduistische Konzentration und das Streben nach Gedankenlosigkeit sowie christliche Kontemplationen und Gebete, die Gedanken und Speicherbewußtsein drillen sollen, sind in Weg und Ziel völlig verschieden.

Das Große Siegel arbeitet ohne Druck. Es baut auf bewußtes, nicht beurteilendes Zulassen der Eindrücke. Der Erleber erkennt sich durch müheloses Verweilen in dem, was ist. Es gibt zwar im Buddhismus das tiefe Nachdenken als wichtiges Lernwerkzeug, aber es wird grundlegend der Begriffsebene zugerechnet. Es dient der gedanklichen Verarbeitung und Aufnahme unterschiedlicher Sachverhalte und ist vor allem bei den riesigen Lehrgebäuden des Großen Weges nützlich. So wird die Auseinandersetzung mit dem Stoff von einer Ebene der inneren Sammlung aus ermöglicht.

Denken sowie jedes andere Festhalten an Vorstellungen während der Meditation ist vor allem für den Diamantweg nicht geeignet. Es ist, wie wenn ein Finger auf den Mond zeigt. Obwohl die Richtung hoffentlich gewiesen wird, ist der Finger selbst nicht der Mond. Durch Begriffe sucht man den Geist dort, wo er nicht gefunden werden kann. Weil sich diese Gewohnheit so leicht in die Vertiefung einschleicht, vor allem bei unreifen und in ihrem Leben unerfüllten Übenden, bezeichnet Karmapa diesen Vorgang so dramatisch als **Schmutz**. Er rät zu erleuchtenden Meditationen, die jenseits von Worten und Tagträumen liegen. Sie führen zu Rückkopplungen, die Körper, Rede und Geist entwickeln. Sowohl die selbsterlösenden Einsichten des Großen Siegels als auch die verschiedenen Buddhaformen der Diamantweg-Meditationen erscheinen selbsttätig aus der dem Raum innewohnenden Weisheit. Entsprechen sie den durch Segen oder Einweihungen übertragenen Lichtformen und Einsichten, kann man ihnen auch voll vertrauen. Sie sind der Reichtum des Geistes und brauchen keine weitere Bestätigung. Im Kraftfeld eines Lamas, der die Einheit hinter jeder Zweiheit unerschütterlich verkörpert, und herangereift durch die vier richtunggebenden Gedanken, die Zuflucht und die Grundübungen, sollten Meditationen auf dieser Diamantweg-Ebene ohne Druck oder Zwang weitgehend von selbst ablaufen. Selbstverständlich holt man den Geist wieder herbei, wenn er sich irgendwohin verirrt, aber ohne viel Aufhebens. Der Weg zur Erleuchtung bleibt grundlegend wie das Kennenlernen einer schönen Frau: Läuft man ihr nach, ruft sie die Polizei. Parkt man jedoch seinen Porsche und legt sein dickes Scheckbuch oben drauf, kommt sie von selbst.

Gedanken, auch die störendsten, sind das freie Spiel des Geistes und eigentlich freudiger Ausdruck seiner Kraft. Als Mittel zur Wahrheitsfindung verwendet, können sie aber nur auf mögliche Erleuchtungszustände aufmerksam machen oder begriffliche Hindernisse zu deren Verwirklichung entfernen. Die unmittelbare Erfahrung des Geistes liegt weit jenseits von ihrem Bereich. In dem Augenblick, wo man seinen Vorstellungen Wirklichkeit schenkt, braucht die Meditation schon erste Hilfe. Obwohl Gedanken für die bedingten Belange des Lebens so nützlich sind, sind sie während der Vertiefung als solches nicht im Dienst. Hier verschmelzen statt dessen Erleber und Erlebnis. Es bleibt nur ein ganzheitliches Gewahrsein.

Schon in früheren Versen warnte Karmapa vor Gedanken und Begriffsbildungen in der Meditation, nun weitet er seine Warnung auf alles **Angestrengte**, Verkrampfte und Enge aus. Das mühelose Verweilen ist in dem Augenblick vorbei, wo ein Teil des Geistes zum Polizisten wird, der dann das Verhalten seiner Vorgänge begutachtet. Das Große Siegel soll uferlos sein wie ein riesiges Verliebnis. Man soll sich fühlen wie im freien Fall, bevor der Fallschirm sich öffnet, oder wie wenn man eine schöne kurvige Straße ohne Radarfallen auf einem schnellen Motorrad hinunterjagt. Es geht hier um die Erfahrung vom Bewußtsein selbst, nicht um dessen Inhalte. Es gibt keine größere Freude. Sie sprengt jede Vorstellung, wird als wirklicher als alles andere erkannt und erfaßt jede Zelle des Körpers. Der Wunsch, eigene Erfahrungen zum Besten aller einzusetzen, verbunden mit der Gewißheit, daß der erlebende Raum unzerstörbar ist, ermöglicht eine mutige, überpersönliche, alles befreiende Einstellung. In ihrem Licht werden unangenehme Zustände zu Reinigungen, die die Ursachen von sonst später erfahrenen schweren Leiden auflösen, während alles Angenehme zu Segen wird, den man mit anderen teilen kann. So lernt der Geist sich Schritt für Schritt besser kennen. Mit dem Großen Siegel wird man nicht nur älter, was jeder schafft, sondern bestimmt auch klüger.

Nicht umhergetrieben vom Wind... Einem Verwirklicher wie Karmapa, immer und ungetrübt mit dem Erleber eins, fallen die inneren Störungen der Wesen zuerst auf. Sie verursachen ja die äußeren Hindernisse und werden lange als sehr wirklich erlebt. Er sieht aber auch sehr deutlich, was sie auf täglicher Ebene ernährt, eben das Hin-und-hergerissen-Sein eines allgemeinen Lebens. Solche Zustände mitsamt der daraus entstehenden Hoffnung und Furcht haben viel

Kraft. Sie dauern an, bis man die Ebene erreicht hat, wo alles Bedingte als traumähnlich und vergänglich erkannt wird. Nach dieser riesigen Befreiung folgen die Erleuchtungsstufen, die sich vertiefende Sicht des Großen Siegels. So wird alles, auch jede Störung, immer mehr zur freien Entfaltung des Geistes. In seinem Spiegel wird sowohl die erreichte Ebene erkannt als auch ihre Bedeutung als Ausdruck höchster Weisheit. Hier wird jedes Vorkommnis als Lehrstück erfahren, als immer neue Mittel, die dem Geist seine Vielseitigkeit zeigen. Die gewohnheitsmäßigen und oft als sinnlos erlebten Tätigkeiten eines unbewußten Lebens wachsen so zum Motor für Entwicklung und Kraft heran.

«Schaffe, schaffe, Häusle baue, Steuer zahle, sterbe» – viele alltägliche Belange hören auch für den Meditierenden nicht auf. Auch er liebt, ißt und kleidet sich, damit ihm der Körper Freuden statt Leiden bereitet. Das Große Siegel ermöglicht einem, alle im Leben entstehenden Eindrücke zu nutzen und auch im Alltag die Erfahrung des Geistes weiterzuführen. Sogar während der Vertiefung muß der Verwirklicher nichts gegen den Fluß der Dinge unternehmen. Wer schnell ein paar Worte niederschreibt, wenn etwas Wichtiges auftaucht, und sofort mit dem Gefühl weitermeditiert, nichts unterbrochen zu haben, genießt die Fülle der Freiheit. Im Diamantweg geht es darum, das Reine Land nicht zu verlassen und Meditation und Nachmeditation so selten wie möglich zu trennen. Im Westen sagte man früher »in der Welt, aber nicht von der Welt sein«. Man arbeitet also geschickt mit den Gegebenheiten, ohne sich von ihnen fangen zu lassen. Das Leben entfaltet sich wie in einem Hotel, das mit anderen geteilt wird. Alles wird frei genutzt, aber man weiß sehr gut, daß am Ende nichts mitgenommen werden kann.

...den Geist in seiner Ungekünsteltheit belassen... Im Zustand der endlosen Freiheit wird alles furchtlos genossen. Zugleich kann aber auch über alles laut gelacht werden, wie ein früherer Nyingma-Lama es gerne ausdrückte, weil sowieso nichts anderes da sein könne als der unzerstörbare und an sich vollkommene Geist. Die wachsende Erfahrung, daß jede Erscheinung auch mit einem selbst verbunden ist, schafft Verantwortung und Mitgefühl im Alltag. Sie entwickelt die zahllosen, einem jeden innewohnenden Fähigkeiten im Hier und Jetzt.

Laut Buddhas Lehre sind edelste Zustände wie weise Furchtlosigkeit, selbstentstandene Freude und vorausschauende Liebe weder etwas Wesensfremdes noch Gebote, die einem von Göttern oder Gesellschaftsordnungen auferlegt werden. Sie zeigen einfach, daß der Geist sich erkennt. Deshalb ist es großartig, ihnen zu vertrauen und ihre Kraft in den Augenblicken zu leben, wenn wenig Störgefühle den Erleber verschleiern. Jenseits von Erwartung und Befürchtung und ohne Einengung durch Morgen und Gestern geht es um die Entfaltung seiner Eigenschaften zum Besten aller. Weil niemand morgen oder gestern erleuchtet wird, sondern immer gerade jetzt, zielt jede Lehre Buddhas auf den ungekünstelten Augenblick der Wahrheit.

Da der Erleuchtungsweg selbständig gegangen werden muß, bleibt das eigene Gewissen der endgültige Richter. Ein Leben verläuft richtig, wenn man sich gerne morgens in die Augen schaut, weil man zu seinen Taten stehen kann. Deswegen ist das zwanglose Wachstum durch Buddhas Lehre, wo sich äußere, innere und geheime Gelübde nach eigenem Ermessen und den wechselnden Lagen entsprechend ergänzen sollen, so verschieden von den starren Geboten der Glaubensreligionen.

...im Erleben des Geistes geschickt und ausdauernd sein«..., bedeutet aus der Sicht des Großen Siegels, seine Mitte nicht zu verlieren und sich nicht aufgrund ständig vergehender Gedanken zu beurteilen. Statt dessen verweilt man im immer frischen Reichtum, im zeitlosen Spiel des Geistes. Viele müssen jedoch noch lange tapfer die Dinge auf Abstand halten, sich ihrer Vergänglichkeit bewußt bleiben oder öfters Berichte über andere Erdteile, das Leben der Frauen im Islam und die Überbevölkerung lesen, um eine richtige Einschätzung der eigenen Wehwehchen zu gewinnen. Allmählich wird einem dadurch dann bewußter, wie dick die eigene Haut eigentlich ist. Am Ende erscheinen sogar große Schwierigkeiten als eine Herausforderung, als an sich spannend und neu. Hier geht der rote Faden des Bewußtseins inmitten der Geschehnisse nicht wieder verloren – und man ist in allem zu Hause.

Bei Spannung, Gefahr und Liebe sowie im alltäglichen Leben bewußt zu bleiben, ist wahre Ausdauer. Wer es schafft, den klaren Raum des Erlebers durch die Erlebnisse hinweg zu wahren, wird sowohl stärkste als auch ermüdendste Gewohnheiten und Zweifel zu Meilensteinen auf seinem Weg zur Erleuchtung machen, und alles bekommt tiefen Sinn. Nichts ist ermutigender für die Wesen, als die Überwindung solcher Hindernisse zu beobachten. Sie versuchen es dann auch im eigenen Leben.

Gampopa 1079 - 1153

ཕྲ་རགས་རྟོག་པའི་དབའ་རླབས་རང་སར་ཞི།

Die Wellen der feinen und groben Gedanken kommen in sich selbst zur Ruhe,

གཡོ་མེད་སེམས་ཀྱི་ཆུ་བོ་ངང་གིས་གནས།

und der Strom des unerschütterlichen Geistes ruht in seinem Wesen.

བྱིང་རྨུགས་རྟོག་པའི་དྲེ་མ་དང་བྲལ་བའི།

Mögen wir im stillen Meer der Geistesruhe,

ཞི་གནས་རྒྱ་མཚོ་མི་གཡོ་བརྟན་པར་ཤོག

frei vom verunreinigenden Schlamm der Dumpfheit, gefestigt sein.

VERS 16

Nach der höchsten Sicht des Großen Siegels über so viele Verse hinweg folgt jetzt ein stiller, für jeden verständlicher Inhalt. Der 3. Karmapa erläutert in allen vier Zeilen die festhaltende und beruhigende Vertiefungsweise, die auch in anderen Religionen bekannt ist. Auf Sanskrit heißt die in diesem Vers erwähnte Stufe der Beruhigung »Shamatha« und die dann hoffentlich daraus entstehende Einsicht »Vipashyana«, während die Tibeter diese beiden »Shine« und »Lhagtong« nennen.

Es liegt nahe, die Erläuterung dieses Verses in einem geschichtlichen Rahmen zu betrachten. Das könnte diesen Einschub über Geistesruhe mitten in der Beschreibung der höchsten Sicht erklären. Wie viele vortreffliche Bücher zum Großen Siegel belegen, wurde schon in Indien die Einsicht des Lehrers sofort auf den Schüler übertragen, wenn dieser den nötigen Zustand der Offenheit erreicht hatte. Es ist zwar eine von Gampopa, dem Lehrer des 1. Karmapa, niedergeschriebene, aber eigentlich schon seit Buddhas Zeit ständig wiederholte Erfahrung, daß jenseits aller sonst gelobten »Stufenweisigkeit« einige Schüler einen sehr schnellen Weg gehen können. Durch Hingabe und Vorurteilslosigkeit übernehmen sie sehr geschickt und unmittelbar die Einsichten und Eigenschaften ihrer Lehrer. Der Höhepunkt einer solchen Übertragung in der Karma Kagyü Linie ist seit dem 5. Karmapa das Zeigen seiner Schwarzen Krone. Wiederholt ist diese Lehre von anderen Schulen mit weniger Vertrauen zum Raum als gefährlich unter Beschuß gekommen. Die Karmapas scheinen dann die Belehrungen für einige Zeit zurückgezogen oder ergänzt zu haben. Das ist eine sehr asiatische Art und Weise, viel Gerede auf Gebieten zu vermeiden, die sowieso nur für wenige zugänglich sind. Man spricht ja auch nicht mit Blinden über Regenbögen.

In seiner Magisterarbeit beschreibt Ulrich Kragh[15], wie schon im 13. Jahrhundert Anzweiflungen des Sakya Pandita die frühen Kagyü-Schulen in eine solche Lage brachten. Über die Jahrhunderte lagen die weltanschaulichen Auseinandersetzungen in Tibet aber viel mehr an den unterschiedlichen Menschentypen – den braven Studierenden und den wilden Verwirklichern – als daran, daß ein Weg richtig und ein anderer falsch gewesen wäre.

Während des 16. Jahrhunderts begegneten die Kagyüpas dem Druck, indem sie den Großen Weg wieder stärker betonten. Sie stellten die Fülle der besonderen Diamantweg-Mittel sowie den nur durch ihre Linie übertragenen Erfahrungsweg des Großen Siegels zurück. Im 17. Jahrhundert verstärkte sich dieser Trend. Die Übungen des Großen Weges wurden zur Hauptpraxis innerhalb der Kagyü-Schule – vielleicht weil die Kagyüpas ihre geheimen Belehrungen vor weiteren Angriffen der Mongolen schützen wollten, die die politischen Kräfte der Gelug-Schule unter der Leitung des 5. Dalai Lama ins Land geholt hatten. Die Gelugpas konnten oder wollten deren Soldaten über dreißig Jahre hinweg nicht stoppen, während diese die drei anderen, alten Schulen des Buddhismus in Zentraltibet weitgehend zerstörten. Also schoben die Kagyüpas die Mahayana-Übungen der Geistesruhe und Einsicht, Shine und Lhagtong,

[15] Ulrich Kragh, 1998, »Culture and Subculture – a Study of the Mahamudra Teachings of Sgam Po Pa«, M.A. Research Paper, Copenhagen University, Asian Department, June 1998

unüblicherweise zwischen die Grundschule und das Große Siegel als Zwischenstufe ein, um weniger Aufsehen zu erregen.

Also ein Vers zum Abkühlen, aber er wird auch so nicht langweilig. Da Wachstum und Freude in Buddhas Lehre untrennbar sind, kann man dem Leser auf Dauer sogar die Vergänglichkeit aller bedingten Erfahrungen schmackhaft machen. Karmapa nimmt die Rückkehr von groben und feinen inneren Zuständen in den Raum als Beispiel. Sicher entspringt sein eigener Blickwinkel dabei dem Großen Siegel. Er verweilt in der bewußten Strahlkraft, die zwischen und hinter den Gedanken und Gefühlen liegt, und erlebt deshalb diese Vorgänge als selbstbefreiend. Von dieser Sichtweise aus ist der Geist sowohl die Fähigkeit zur Wahrnehmung als auch jede Erscheinung und kann durch nichts an Raum oder Freiheit verlieren. Seine Worte wirken aber auf jeder Bewußtseinsebene erleichternd. Das für alle Erlösende dabei ist, daß die Entwicklung jenseits von Moralismus und anderen ungesunden Geisteslagen abläuft. Unbeurteilt und in ihrem Wesen belassen, kommen die Eindrücke aus eigener Kraft zur Ruhe. Aus letztendlicher Sicht kann die Wahrheit weder durch Festhalten noch durch Wegschieben geändert werden. Sobald der Erleber sein zeitloses Wesen erkennt, treten Furchtlosigkeit, Freude und Liebe von selbst als seine wahren Eigenschaften hervor.

Auch in diesem Vers wählt Karmapa für seine Bildersprache das Wasser. Er verdeutlicht durch das Fließende und grundlegend Reine die Arbeitsweise des Geistes. Wenn die Wellen der oberflächlichen Eindrücke sich erschöpfen und zur Ruhe kommen, verliert der Geist dadurch keineswegs an Bewußtheit oder Tatkraft, noch wird er einfach dumpf. Statt dessen verweilt er unerschütterlich in seinem Wesen, ist das

Meer und die Möglichkeit für Wellen zugleich. Die aus dieser Erfahrung entstehende Sicherheit und unerschütterliche gute Laune gehören zu den edelsten menschlichen Eigenschaften überhaupt. Wer diese Gewißheit besitzt, dem gehört bereits alles.

In anderen Texten zum Großen Siegel werden wechselnde innere Zustände mit Bildern im Spiegel verglichen. Sie sind ihrem Wesen nach ständig frisch, aber an sich unfähig zu verweilen. Deshalb verlagert sich die Aufmerksamkeit im Zuge der Entwicklung von den Erscheinungen, die sich sowieso wieder auflösen, auf den zeitlosen Erleber. Die Erfahrung von seiner Unendlichkeit erweckt dabei die Tatkraft der Erleuchtung. Ohne Handelnden, Tat und Gegenstand zu trennen, befriedet, bereichert, begeistert und schützt man die Wesen dauerhaft. Auf den Entwicklungsebenen, wo der Geist noch Begriffe einsetzt, um seiner Entfaltung folgen zu können, erkennt er sein ständig wachsendes Mitgefühl sowie die spiegelähnlichen, ausgleichenden, unterscheidenden, erfahrungsmäßigen und allesdurchdringenden Weisheiten, die sich immer fließender dazugesellen. Aus der eigenen Mitte heraus wird immer mehr gesehen, und am Ende durchstrahlt die Kraft des Erlebenkönnens alles. Der zeitlose Raum des Möglichen geht nicht wieder verloren, er ist und weiß alles und erlebt sich als mit allem verbunden.

Als Meer versinnbildlicht, wünscht Karmapa den Zustand herbei, bei dem jenseits aller Unachtsamkeit und anderer Hindernisse ständig wahrgenommen wird, was ist. Hier im **tiefen Meer der Geistesruhe** werden Erleber, Erlebtes und Erleben immer mehr als eins erfahren. In der ständigen Wahrnehmung eines riesigen »Aha« spielen Äußeres und Inneres zugleich, lösen sich wieder auf, und jede Zelle im Körper erfährt 10'000 Volt unaufhörlicher Wonne. Einsicht,

Kraft, Mut, Weisheit und Mitgefühl ergänzen sich in ihrem Wachstum. Höchste Wahrheit ist von höchster Freude nicht zu trennen, und unerschütterlich nützt das in seiner Tiefe ruhende Bewußtsein jedem.

Seinem Wesen nach Raum, entfaltet der Geist zugleich eine Begabung, die im Hier und Jetzt ihre Erfüllung findet und sowohl das Letztendliche als auch das Bedingte erkennt. Sie kann die nicht dingliche Leerheit des Geistes wahrnehmen und sich gleichzeitig des Spiels der Ursachen und ihrer Wirkungen bewußt bleiben. Auf dem Erleuchtungsweg wird zunehmend erkannt, daß die Strahlkraft des Bewußtseins noch viel reizvoller ist als dessen spannendste Bilder. Es wird einem dauerhaft bewußt, daß die Erfahrung von der reifen Tiefe des Erlebers viel bedeutungsvoller ist als alles, was der Raum an Bedingtem hervorbringen könnte. Diese Überzeugung führt den Verwirklicher in seine unzerstörbare Mitte.

Es geht aber nicht um ein *Entweder-oder*, sondern die Wellen und das Meer ergänzen und bereichern sich gegenseitig. Wenn das Bewußtsein erst das Zeitlose entdeckt und sich allmählich dahin verlagert hat, wird alles zum Geschenk. Gleichzeitig der Spiegel und die Bilder, das Meer und die Wellen, zeitloser Erleber und vergängliche Eindrücke und Vorstellungen des Geistes zu sein, ist das Ziel. Die spielerische, selbstentstandene Mühelosigkeit, die daraus entspringt, bringt alles Vollkommene hervor.

Doch die sich ausdehnenden Augenblicke höchster Wonne, wo alles einfach stimmt und die Härchen sich auf den Armen aufstellen, sind nicht das Ergebnis einer allgemeinen Glücks- oder Sinnsuche. Kein Streben nach angenehmen Eindrücken oder Wegschieben von Schmerz wirkt auf Dauer. Man erntet nichts als Gestelztes, wie beflissen man auch die Erfüllung außerhalb der eigenen Mitte jagt. Jeder Versuch, seinem Körper und Geist durch bedingte Einflüsse zum Dauerglück zu verhelfen, kann nur daneben gehen.

Nur jenseits von Erwartung und Befürchtung kann der Geist seine Strahlkraft erkennen. Wer sich auf Vergangenheit und Zukunft einstellt, statt einfach und ungekünstelt im Hier und Jetzt zu verweilen, wird von seinem zeitlosen Wesen wenig erfahren. Der Geist ist wie das bekannte Glas lehmiges Wasser: Läßt man das Glas einfach stehen, sinken alle schweren Teilchen ab, und es wird klar. **Der verunreinigende Schlamm der Dumpfheit**, wie Karmapa so einladend die Unwissenheit benennt, ist gleichermaßen zu entsorgen!

Wenn der Geist doch immer seinem Wesen nach zeitlose Klarheit war, und vollkommen an sich, warum dann überhaupt Begriffe für seine vergänglichen Schwächen schaffen? Weshalb erwähnt Karmapa Schlamm, Verunreinigung und Dumpfheit, die so schlecht zum edlen Stil seiner sonstigen Wünsche passen? Es kann nur aus Verantwortung und Mitgefühl sein: So härtet er seine Schüler, die noch gewöhnliche Bewußtseinsebenen erfahren, dem Leben gegenüber ab. Er gibt ihnen auf, auch in der Bewältigung von unangenehmen und sehr alltäglichen Aufgaben ihren Geist zu beobachten und dabei etwas Sinnreiches zu erleben. Weil die beschriebenen Bewußtseinsschleier sich unangenehm anfühlen und zugleich der Erleuchtung der Wesen im Wege stehen, hat es doppelten Sinn. Durch ihre Aufdeckung wird es möglich, sie zum Besten aller umzugestalten.

Bereits im vorherigen Vers erwähnte Karmapa den **Wind der allgemeinen Geschäftigkeit**, der einen herumtreibt. Nun wünscht er den Wesen **Geistesruhe** ohne **Dumpfheit**.

Dumpfheit und Geschäftigkeit bestimmen häufig ganze Meditationssitzungen und sind besonders hinderlich auf dem formlosen Weg. Sie sind grundlegende Neigungen des unerleuchteten Geistes, die meist erst während der Vertiefung wahrgenommen werden.

Stört einen Schläfrigkeit bei der Meditation, liegt der Energiepegel zu tief im Körper. Hier können entweder ein paar Tassen Kaffee helfen, oder man stellt sich vor, man wäre von einem durchsichtigen, zähflüssigen Öl aufgefüllt. Auf Herzenshöhe mitten im Körper läßt man dann eine Luftblase entstehen, die sich stetig aufwärts bewegt. Man bleibt sich ihrer eingerichtet bewußt, auch wenn sie an der Schädeldecke austritt und bis sie irgendwo zwischen den Wolken verschwindet. Man kann sich auch einen schillernden Punkt zwischen den Augenbrauen vorstellen, durch den man schauen will oder den man sonst festhält. Beides macht frisch.

Hat man viele Störgefühle und findet keine Ruhe, ist die Energie zu weit oben. Hier hilft es kurzfristig, etwas Schweres zu essen. Man kann sich aber auch aufgefüllt mit durchsichtigem, schweren Öl erleben. In diesem Fall stellt man sich mitten in der Brust auf eine kleine schwarze Kugel ein, die an sich schwer ist. Diese fällt allmählich durch das Öl getragen durch die Körpermitte hinunter, verschwindet durch die hintere Öffnung in der Erde, und irgendwo im Urgestein verliert man auch sie. Man kann auch einen schwarzen Punkt festhalten, den man vier Handbreite vor seinen »edlen Teilen« auf dem Boden erscheinen läßt. Beides beruhigt den Geist.

Im stillen Meer der Geistesruhe gefestigt, wird einem plötzlich alles geschenkt. Jetzt entdeckt der Geist mit ständigem Staunen und Wonne, daß er trotz seiner Nicht-Dinglichkeit kein *Nichts* ist. Er ist weder ein Schwarzes Loch, in dem nichts geschieht, noch verkennt er sich als eine weiße Wand, die einfach das darauf Gestrahlte wiedergibt. Statt dessen erwacht der grenzenlose Reichtum des Großen Siegels, dessen Einsichten Karmapa in diesen Erleuchtungswünschen mit der Welt teilt. Hinter jeder wechselnden Erfahrung strahlt immer das Klare Licht, das alles ermöglicht.

1. Karmapa, Düsum Chenpa, 1110 - 1193

བལྟར་མདེ་སེམས་ལ་ཡང་ཡང་བལྟས་པའི་ཚེ།

Blicken wir immer wieder auf den nicht sichtbaren Geist,

མཐོང་མེད་དོན་ནི་ཇི་བཞིན་ལྷུག་གེར་མཐོང་།

**sehen wir sein nicht sichtbares Wesen – vollkommen
und genau so, wie es ist;**

ཡིན་མིན་དོན་ལ་ཐེ་ཚོམ་ཆོད་པ་ཉིད།

**dies durchschneidet die Zweifel über Sein und Nicht-Sein
des Geistes.**

འཁྲུལ་མེད་རང་ངོ་རང་གིས་ཤེས་པར་ཤོག།

**Mögen wir – frei von aller Verwirrung – unser eigenes
Wesen erkennen!**

Vers 17

In diesem Vers geht Karmapa wieder an die Grenze dessen, was Worte ausdrücken können. Wer ihm aber folgt und sich den begriffsfreien Raum gönnt, den seine Worte zwischen den gewohnten Vorstellungen freilegen, wird viel Freude haben. So ist es eben, das Große Siegel.

Der Geist kann nicht gefunden werden, weil er kein Ding ist. Es gibt nichts, was an ihm sichtbar gemacht oder untersucht werden könnte. Da er ohne Größe, Gewicht oder Farbe ist, ohne Mitte und in jeder Weise leer und unbegrenzt, kann er sich auch nicht von irgendwo anders her beobachten. Der Seher und das Gesehene sind beide der Geist.

Wer das versteht und aufhört, irgend etwas als vom Geist getrennt beweisen oder wahrnehmen zu wollen, wird immer häufiger die Klarheit des Bewußtseins erfahren. Dadurch erwacht jede ihm innewohnende Einsicht und Kraft, und der Geist erfährt sich in seiner Ganzheit. Dieses Verweilen im zeitlosen Erleber, diese ständige Einheit von dem, was gerade jetzt sieht und erfährt, mit allem, was äußerlich wie innerlich geschieht, ist das Ziel. Es bringt den Zustand hervor, der jede Erfahrung als höchste Erfüllung wahrnimmt.

Der schnelle Weg zur reinen Sicht erfordert echtes Verwirklichertum. Man weiß, daß letztendlich alles ein Reines Land ist und daß nur die eigenen Schleier einen davon abhalten, das auch wahrzunehmen. Deswegen strebt man bewußt nach der reinen Sicht, erlebt nach Möglichkeit alles auf höchster Ebene und macht ständig das Beste aus den gegebenen Bedingungen. Der zu erreichende Zustand dabei ist der eines Kindes, das erwartungslos die Tür zu einem riesigen, leuchtenden Saal aufstößt und völlig hingerissen nur noch »Wow« sagen kann. Diese ursprüngliche Frische darf nicht im alltäglichen Verschleiß verlorengehen, sondern soll sich durch jede Erfahrung ernähren und stärken können zum Besten anderer. Auf bedingter Ebene braucht man zwar einen Werkzeugkasten für die Welt, vor allem um seinem Umfeld zu nützen, aber der Kluge trägt ihn nicht vor den Augen und verdeckt sich dadurch die Sicht. Er behält ihn neben sich auf seinem Weg, benutzt völlig frei, was an Hämmern und Sägen vonnöten ist und genießt währenddessen die Vielfalt von dem, was im unendlichen Raum erlebbar und möglich ist.

Genau diese Fähigkeit zum Bewußt-Sein ist das Licht des Geistes. Es besteht aus einer nicht abreißenden Folge von ständig frischen Aha-Erfahrungen, und es gibt kein anderes Licht als das. Obwohl die selbstentstandene Freude der Erleuchtung einen zutiefst ändert und das Herz zu groß macht für den Brustkorb: Es ist alles der eigene Geist.

Auf dem Weg zu diesem Dauerglück verschwinden alle Zweifel über das Sein oder Nicht-Sein des Geistes. Die gegenseitige Bedingtheit von Welt und Bewußtsein wird einem zur Gewißheit. Erscheinung und Geist sind von da an eins, und man lebt erfüllt im Hier und Jetzt. Jenseits aller Erwartung und Befürchtung tut man selbstsicher, was vor der Nase liegt. Der Schlüssel dazu ist eine Wahrnehmung ohne geistige Schleier. In ihrer letztendlichen Sicht der Reinheit vergeht jede Störung. Mit riesiger Spannung wird wahrgenommen, daß die Welt sich als der gemeinsame Traum der Wesen entfaltet und gleichzeitig über genügend Raum für

Veränderungen durch starkes eigenes Karma der Wesen verfügt, und daß Segen und einsgerichtete Meditationen bis
zum vollen Heranreifen der Eindrücke noch ganze Ketten
von Ursachen und Wirkungen umlenken können. Es ist
traurig, wie sich die Wesen die dazu nötige Klarsicht durch
ihre Launen trüben. Könnten sie die Einmaligkeit ihrer Erlebnisse wahrnehmen, wäre jedes Drama ein Freudenfest!

Unbefangen und reich an Mitteln, spürt der Kenner des
Großen Siegels den Wunsch der Wesen nach Glück. Ohne
vergängliche Freuden auf dem Wege zu vermeiden, leitet
man sie dabei zu der einzig wirklichen Quelle. Das Verweilen in der eigenen Mitte läßt einen mit Dankbarkeit entdecken, daß alles heranreift, was mit dieser Einstellung nur
berührt wird. Also vertraut man der Güte des Ungesche-
nen, handelt ganzheitlich und nützt den Wesen durch Körper, Rede und Geist. Nichts zeigt die Möglichkeiten des
Raumes so klar wie die gelungene Tat.

ཕྱལ་ལ་བལྟས་པས་ཕྱལ་མེད་སེམས་སུ་མཐོང༌།

Blickt man auf die Dinge, sind keine Dinge da,
man sieht auf den Geist;

སེམས་ལ་བལྟས་པས་སེམས་མེད་ངོ་བོས་སྟོང༌།

blickt man auf den Geist, ist kein Geist da: er ist seinem
Wesen nach leer;

གཉིས་ལ་བལྟས་པས་གཉིས་འཛིན་རང་སར་གྲོལ།

durch das Betrachten beider löst sich das Festhalten
an Zweiheit in sich selbst auf.

འོད་གསལ་སེམས་ཀྱི་གནས་ལུགས་རྟོགས་པར་ཤོག།

Mögen wir die Natur des Geistes, das Klare Licht, erkennen!

VERS 18

Ein Vers wie dieser versetzt jeden Verwirklicher in höchste Wonne. Mit wenigen Worten vermittelt Karmapa eine voll erleuchtende Sichtweise. Wer sie versteht, braucht nichts Weiteres auf seinem Weg. Allerdings ist hier viel Arbeit und Vertrauen zum Geist nötig, um von klaren Worten zur letztendlichen Gewißheit zu gelangen. Nur ein frisches Gemüt mit Weite und jeder Menge guter Laune schafft bekanntlich eine solche Öffnung.

Und was besagen die Worte des 3. Karmapa? In aller Bescheidenheit machen sie alles Innere wie Äußere zu Geist, und dieser wird wieder zu Raum. Sie entlarven alle Zweiheit als an sich unwahr und klären die Grundfragen zahlloser Gelehrter seit Tausenden von Jahren in nur vier Zeilen. Das gelingt Karmapa ohne den Druck, etwas beweisen oder ablehnen zu müssen, nur durch eine schlichte Untersuchung des letztendlichen Wesens der Dinge. Schaut man genau auf die Erscheinungen, sind sie als etwas dauerhaft Bestehendes tatsächlich nicht auffindbar. Dies bezieht sich nicht nur auf die eigenen Erfahrungen, die so deutlich einfach entstehen, sich ändern und wieder vergehen. Es gilt zugleich, wenn auch weniger wahrnehmbar, für die mit anderen geteilte, äußere Welt.

Die Erlebnisse, die für so wirklich gehalten werden, sind in ständigem Fluß. Mit »Form ist Leerheit« umschrieb Buddha diese Tatsache, die aber auch nur teilweise zutrifft: Jeder leere Raum, sei es im eigenen Bewußtsein oder im Labor, füllt sich von selbst wieder auf. Also fügte Buddha im selben Atemzug hinzu: »Leerheit ist Form.« Mit seiner dritten Aussage »Form und Leerheit sind untrennbar.« holt er schließlich seine sich von Zweiheiten befreienden Schüler aus jeder Kopflastigkeit heraus. So läßt er sie die unbegrenzte Weite des Geistes genießen.

Da sogar Hochgelehrte und -betitelte während Tausender von Jahren über Fragen zu Sein und Nicht-Sein gestritten haben, ist es ganz in Ordnung, nicht alle Aussagen im ersten Durchgang zu verstehen. Tatsächlich ist die Verwirklichung dieser Einsicht erst vollständig, wenn man sich auf Wunsch in einen Regenbogen auflösen kann! Da Karmapas so schlichte Worte völlig den täglichen Sinneserfahrungen und Sichtweisen der Wesen widersprechen, ja ganze Karmagebilde umstoßen, die Unerleuchtete in ihren Welten festhalten, könnten wohl die meisten auf diesem Gebiet noch etwas Hilfe über die rein begriffliche Erklärung hinaus gebrauchen.

Nur in der Vertiefung, bei der alle Ebenen des Geistes beteiligt sind, sind solche letztendlichen Aussagen wirklich nachvollziehbar. Beruft man sich bei der weiteren Suche nach etwas wirklich *Vorhandenem* auf den Geist, hilft das nicht weiter. Auch dieser ist nicht auffindbar, sondern leer von Merkmalen. Obwohl er die Grundlage jeder Erfahrung wie Erscheinung bleibt, ist er in keiner Weise greifbar. Um ihn zu erobern, bleiben dem Mutigen immer weitere Sprünge in den Raum des vollen Vertrauens. Wer die letztendliche Verschmelzung schafft, braucht nichts anderes mehr zum Glück. Die reine Sicht zu verwirklichen und im Klaren Licht des Erlebers zwischen und hinter den Gedanken zu Hause zu sein heißt, ständig und grenzenlos belohnt zu werden.

Alle inneren wie äußeren Geschehnisse sind also Reichtum und Fähigkeiten des Geistes. Geht man ihnen aber auf den Grund, bleibt nur der Erleber. Wer diesen als ein Etwas kursiv sucht, findet nur Raum. Er erlebt eine uferlose, freudige Weite, die alles enthalten kann und zuläßt. So verschwindet die Trennung zwischen Erleber und Erlebtem von selbst. Diese Erfahrung hilft schnell und spürbar im Bereich der eigenen Gefühle, der die Wesen aber noch lange einfangen kann und erst dann seine Macht ganz verliert, wenn die Wahnvorstellung eines *Ich* zerbricht. Bis dahin hält man wechselnde innere Zustände teilweise oder vorübergehend für wirklich und erlaubt ihnen, durch Verfärbung der Sicht Rede und Taten zu beeinflussen.

Wenn angenehme Eindrücke aus dem Speicherbewußtsein oder dem Umfeld heranreifen und es einem gut geht, erlebt man die Welt als schön und angenehm und handelt dementsprechend. Taucht jedoch Unverdauliches auf, sieht man statt dessen Leiden und Einengungen überall und verhält sich schwierig. Beides legt Samen für die Zukunft. Zusätzlich begrenzen die Reichweiten der Sinnesorgane, anerzogene Anschauungen und Erziehungsmuster die Erlebnisse. Neuere Untersuchungen aus der Psychologie zeigen, daß allgemein bei Nichtmeditierenden sogar nur 20% einer Erfahrung tatsächlich auf Wahrnehmung beruhen. Die restlichen 80% fügt der Geist aus früher gespeicherten Eindrücken selbst hinzu. Daß bei den großen kulturellen und genetischen Unterschieden zwischen den Völkern dieser überwiegende Teil der Deutungen sehr verschieden ausfällt, liegt natürlich am unterschiedlichen Karma der Wesen und ist wohl der Hauptgrund dafür, daß Integrationsversuche weltweit nicht gelingen und daß Beziehungen zwischen Menschen mit allzu verschiedenen Hintergründen so häufig leidvoll enden. Entstehen Kinder aus den Beziehungen, sind sie oft besonders benachteiligt und finden zwischen den Kulturen keinen Halt.

Soweit zum Erleber. Das Erlebte ist aber ebenso spannend. Der gemeinsame Traum, der sich aus dem Speicherbewußtsein und dem Karma der Wesen aus dem Raum verdichtet, ist nichts als Geist, und der selbst ist Raum.

Bis hierher machte dieser auf den Grund gehende Vers die Leerheit alles Äußeren und Inneren verständlich und zeigte jede erfahrene Zweiheit als eine Wahnvorstellung. Wie drückt sich dieser neu geschaffene Freiraum aus? Als Klares Licht und höchste Freude! In der Tat muß man weder sterben, um Reine Länder zu besuchen, noch woanders hingehen, um Buddhas zu begegnen. Gebraucht wird die Bereitschaft, zu sehen, was ist, um die Schleier der Störgefühle und der Unwissenheit vom Geist zu entfernen. Dann wird erkannt, daß alles höchsten Sinn hat, einfach weil es geschieht oder nicht geschieht, daß jeder Gedanke Weisheit ist, bloß weil er vorkommen kann. Man erfährt, daß jedes Teilchen vor Glück schwingt und von Liebe zusammengehalten wird.

Für Erleuchtete ist die Welt nicht das Ergebnis von Störgefühlen, sondern der Ausdruck von fünf Weisheiten. Sie nehmen ununterbrochen und überall Reine Länder wahr. Sie sehen Kraftkreise strahlender Buddhas in jedem Atom. Alles ist sinnvoll, wahr und spannend an sich. Statt Zorn leuchtet bei ihnen eine Weisheit, die klar ist wie ein Spiegel. Anstelle des armmachenden *Ich-bin-besser-als-du-Stolzes*, erscheint überall Reichtum und Vielfalt. Anhaftung wird hier zu unterscheidender Weisheit, man nimmt die Dinge zugleich einzeln und mit ihrem Umfeld wahr. Durch die Umformung dessen, was allgemein Eifersucht heißt, wird klar durchgeschnitten: man kann jetzt Vergangenheit, Gegenwart und Zukunft als im Fluß sehen und Einsichten häufen sich selbsttätig. Schließlich, durch das Wachstum der vier vorherigen Weisheiten zermürbt, wird so selbst der Hauptfeind – Dummheit – zur allesdurchdringenden Weisheit.

Schon von der Ebene der Befreiung an, bei der die Ich-Vorstellung wegfällt, erlebt man das Leid der Welt als traumähnlich und nicht wirklich bindend. Mit der weiteren Entwicklung wächst das Erleben der reinen Bewußtseinsbereiche. Ab der Befreiung erfährt man die Wesen als Buddhas, die es nur noch nicht erkannt haben. Was auch geschieht, drückt die befriedenden, bereichernden, begeisternden und schützenden Buddhataten aus. Alles ist reich und zugleich selbsterlösend. Obwohl kein Sehender auffindbar ist, wird viel gesehen. Den Seher sich selbst sehen zu lassen ist das erleuchtende Geschenk, das uns Buddha gibt.

Durch das Betrachten beider löst sich das Festhalten an Zweiheit in sich selbst auf. Daß sogar begabte Leute oft wenig Freude aus dieser höchsten Sicht ziehen können, ist verständlich. Ohne eine unerschütterliche Verbindung zu einem kraftvollen Lehrer wagen sie nicht, einfach dem Raum zu vertrauen. Statt dessen erfinden sie bevormundende, schöpfende Götter oder behaupten, etwas »Feinstoffliches« – wie auch immer sie sich so etwas vorstellen mögen – sei die Ursache der Erscheinungen. Obwohl beides im ersten Augenblick eher der allgemeinen Erfahrungswelt entspricht als Buddhas Erklärungen zur letztendlichen Leerheit alles Äußeren wie Inneren, bereiten ihren Vertretern solche Scheinlösungen ständig Beweisschwierigkeiten. Ihren Lehren zufolge müßten ihre Götter begrenzt und der Geist ein Ding sein. Weil nicht mit allem eins und überall vorhanden, wären schöpfende und von der Ganzheit getrennte Götter zusammengesetzt, gemacht, geschaffen, geboren oder von irgendwo hergekommen. Sie müßten deswegen ihrem bedingten Wesen nach wieder auseinanderfallen, sterben, verschwinden oder weggehen, und auch die sie erlebende persönliche »Seele« wäre begrenzt in Zeit und Raum. Die Einsicht hinter einer wirklichen Furchtlosigkeit dagegen ist, daß der Geist nichts Dingliches ist, sondern Raum. Deshalb ist er unzerstörbar. Das, was die Dinge erlebt, ist im Kern zeitlos und mit allem verbunden, ob es wahrgenommen wird oder nicht: Im Wesen sind alle Buddhas, umgeben von selbstentstandenen Kraftkreisen höchster Freude.

Ein alter, von den Kommunisten weggelaufener Chinese, der uns 1970 im Himalaja in sein Zurückziehungshaus einlud, drückte es so aus: »no mind – no worry«. Oder anders: Wenn der Geist nicht auffindbar ist, muß man auch nicht besorgt sein, daß er verschwinden oder sterben könnte.

Die höchste Sicht zu halten, wie fern der allgemeinen Erfahrungswelt sie auch sein mag, macht einen nicht abgehoben und läßt einen keine Fehler machen. Weil tiefste Weisheit auch Rede und Körper durchdringt, wird jedes Verhalten mühelos und stimmig im Hier und Jetzt. Sogar bei schwerem noch auftauchenden Karma wird eine solche Einstellung ein Meistmögliches an Unangenehmem abfedern und es zum Nutzen anderer umwandeln. In diesem größten aller Segenskreise entsteht alles rechtzeitig. Weder zu früh noch zu spät wird einem alles Weltliche, was man für seine Entfaltung braucht, geschenkt. Von dieser abgesicherten Ebene aus erfahren, werden die Geschehnisse Ausdruck eines grundlegenden Reichtums – und an sich frei und spielerisch. Statt in schwierigen Lebenslagen der Stier zu sein, der vor der Scheune steht und nur sieht, daß das Tor geschlossen ist, nimmt man aus dieser Sicht den Raum als

Möglichkeit wahr. Man kann sich die Zugänge hinten, oben und an den Seiten des Baus vorstellen, sowie das Zertrümmern des gesamten Stalls, und arbeitet aus dieser Freiheit heraus.

So sind auch die Worte Karmapas zu verstehen: **Durch das Betrachen beider löst sich das Anhaften an alle Zweiheit von selber auf.** Wer sowohl die äußere Welt als auch den eigenen Geist erkundet, wird beide als Raum erkennen und dadurch aufhören, zwischen Erleber, Erlebtem und Erleben zu trennen. Die so gewonnene Einsicht vom Geist und der Welt vereint den Sehenden, das Gesehene und das Sehen. Alles bedingt sich gegenseitig und fließend, ist aber zugleich von allen dauerhaften Merkmalen leer. Außer dem Raum gibt es weder außen noch innen etwas Unvergängliches. Dafür verdichten sich die Wirkungen der gespeicherten Ursachen als die gemeinsam erlebte äußere Welt, während das eigene Karma die Erfahrung davon färbt. Beide entfalten sich aus dem Raum, werden durch seine Klarheit erlebt und lösen sich in seiner Unbegrenztheit wieder auf. Sucht man also sowohl den Erleber als auch die Geschehnisse, findet man nur den Raum. Mit dieser Erkenntnis ändert sich alles. Die Trennung zwischen einem selbst und den anderen, zwischen Innen- und Außenwelt, zwischen Sein und Nicht-Sein wird zu den Spielen einer Ganzheit, wobei der eigene Geist das Beobachtende und Unzerstörbare darstellt. Die Einsicht, daß nichts danebengehen kann, weil der Raum, der erfährt, seine Klarheit, die erfahren wird, und seine Unbegrenztheit, die alles ermöglicht, letztendlich eins sind, setzt die ständig frische Kraft des Geistes völlig frei.

Jede Kultur hat leider Engpässe, die der Verwirklichung und dem Glück ihrer Mitglieder im Wege stehen. Beim modernen Westler bestehen die Störungen in hohem Maße aus einer unklaren Sichtweise zu Gehirn und Geist. Sie ist aus mehreren Gründen schade und entspricht bei genauerer Untersuchung der Lage nicht den Tatsachen.

Wenn, wie heute allgemein angenommen, das Gehirn den Geist tatsächlich herstellen würde, wenn er dessen Ergebnis und daher ebenso vergänglich wäre, hätte der Aufbau einer besseren Gesellschaft für die Nachwelt wohl immer noch Sinn, die Arbeit an einem selbst jedoch kaum. Für nur ein Leben erschiene der Aufwand vielen übermäßig groß und man würde einfach hier und jetzt alles im Bereich des Möglichen genießen, was die Leute im allgemeinen ja auch tun. Diese Sichtweise von der Welt und dem Leben ist zwar einfach, aber sicher nicht erfreulich, wie man an den leeren Augen so vieler eigentlich wohlhabender Menschen sieht. Wenn mit der Zerstörung des Gehirns auch das Bewußtsein weg wäre, könnte jeder einfach im Wirtshaus hocken, denn mit weniger als hundert Jahren wäre alles vorbei. Es gäbe sowieso nichts Weiterführendes und zeitlos Sinnvolles zu tun. Gerade als die heutige Wissenschaft dabei war, diese Sicht mit den besten Meßgeräten zu beweisen und die Welt sehr zu verflachen, erschienen glücklicherweise schon während der sechziger Jahre durch die bewußtseinsverändernden Stoffe große »chemische« Risse in der Festung ihrer materialistischen Sicht, die sich seither durch die Forschung über kleinste Teilchen und das Weltall bestätigt haben.

Die Einsicht, die sich immer mehr bewahrheitet und die Anschauung der »großen, sinnlosen Maschine« ablöst, lehrte Buddha schon vor 2550 Jahren. Was den Geist betrifft, könnte sie so lauten: Das Gehirn stellt das Bewußtsein nicht her, sondern formt es um. Es ist nicht der Sender, sondern der Empfänger vom Geist. Auch übersinnliche Fähigkeiten ließen sich einfach, aber gut folgendermaßen erklären: Das Bewußtsein wohnt dem Raum inne wie der Wasserdampf der Luft. Wie die Ströme im Meer werden Erfahrungsverläufe durch Gewohnheiten und die Trägheit der Sinne zusammengehalten. Aufgrund der Unfähigkeit des Geistes, Erleber, Erlebtes und Erleben als Seiten seiner Ganzheit zu sehen, erfährt sich der unerleuchtete Mensch als ein eigenes oder getrenntes *Ich*.

Wer das Zeitlose in bezug auf den Geist nicht erfährt, erlebt die Filme von wechselnden Augenblicken und Leben als wirklich. Dieses anfangslose und Leid enthaltende Spiel geht weiter, bis man das zeitlose, klare Licht des Geistes erkennt und dessen Wonne erfährt. Durch das Auflösen von festen Vorstellungen wie denen von Sein und Nicht-Sein, verbunden mit der wachsenden Einsicht, daß es die erfahrene Zweiheit von *Du* und *Ich* nicht gibt, fällt alles Zwanghafte von selbst weg. Dies ermöglicht die volle Entfaltung der Weisheit, der Freude und des vorausschauenden, geschichtlich bewußten Mitgefühls des Geistes.

Mit diesem Vers hat Karmapa den Maulwurf des Gewohnheitsgeistes aus seinen Gängen befreit und das enge *Entweder-oder* gegen ein riesiges *Sowohl-als-auch* ausgetauscht. Mit Kontaktlinsen auf den Augen, Flügeln an den Pfoten und Federn am Schwanz schickt er ihn als Adler in die Luft.

ཡིད་བྱེད་བྲལ་བ་འདི་ནི་ཕྱག་རྒྱ་ཆེ།

**Frei von einengenden Vorstellungen zu sein
ist das Große Siegel;**

མཐའ་དང་བྲལ་བ་དབུ་མ་ཆེན་པོ་ཡིན།

frei von Begrenzungen zu sein ist der Große Mittlere Weg;

འདི་ནི་ཀུན་འདུས་རྫོགས་ཆེན་ཞེས་ཀྱང་བྱ།

**alles einschließend, wird es auch Große Vervollkommnung
genannt.**

གཅིག་ཤེས་ཀུན་དོན་རྟོགས་པའི་གདེངས་ཐོབ་ཤོག།

**Mögen wir die Gewißheit erlangen, daß mit der Erkenntnis
von einem alle verwirklicht sind!**

VERS 19

Karmapa ist in diesem Vers wieder auf ganzer Flughöhe, befindet sich voll in der Weite des Geistes. Diesmal vermittelt er einen Überblick über zwei der drei ganzheitlichen Diamantweg-Linien, zeigt auf die Erfahrungswege der »Alten« und der »Mündlichen Übertragung«, der Nyingmapas und der Kagyüpas. Die Sakyapas, die auch dazu gehören, erwähnt er nicht. Er greift auch die Lehren des Tugendweges heraus, der erst Jahrhunderte später entstand, eben die der Gelug-Schule. Zu der Zeit hießen sie Khadampas.

Wie bei einem Verwirklichten zu erwarten, liefert er in wenigen, aber sehr treffenden Worten den Geschmack von den höchsten Belehrungen dieser drei Schulen, und wer sich auskennt, muß schmunzeln: Man erkennt ihre unveränderten Eigenarten bis heute. Ihre »Kobolde« sind 1959 den Flüchtlingen über den Himalaja nach Indien gefolgt und ein Dutzend Jahre später mit Hippies und Lamas in den Westen weitergereist. Karmapas Aussagen zu den verschiedenen Wegen sind deshalb heute, 700 Jahre später, noch völlig zeitgemäß. Die Schwingungen, die seinen Zeilen entspringen, herrschen noch immer vor. So sind die Vergleiche dieses Verses und deren Verarbeitung ein häufiger Gesprächsstoff in allen tibetisch-buddhistischen Schulen. Sogar bei den gewissenhaftesten Vertretern buddhistischen Gleichmuts wirken sie wie Tretminen und erwecken immer wieder stärkste Gefühle.

Die erleuchtende Einsicht, daß im Geist alles möglich ist und geschieht, daß er alles weiß, von nichts getrennt ist und alles wieder in sich aufnimmt, ist erfahrbar. Unterschiedliche Wesen erleben das durch unterschiedliche Mittel und mit wechselnder Geschwindigkeit. Also zeigte Buddha ihren Veranlagungen entsprechend mehrere Möglichkeiten auf, um die Erleuchtung zu vermitteln.

Wer wünschte, den Geist schnell und unmittelbar durch seine Raum-Einsicht zu erkennen, ging zu einer der Diamantweg-Linien. Hatte er genug Mut, Vertrauen und Begeisterung, bekam er besondere Mittel. Ihm wurden nach einer meist kurzen, aber seine Ganzheit berührenden Vorbereitung dann formlose Geistesübungen und als Hauptpraxis die sogenannten buddhistisch-tantrischen Mittel gegeben. Das war die Vorgehensweise der drei alten Übertragungen. Ihre Sichtweise ist umwerfend. Die beiden hier von Karmapa genannten Einstellungen des »Großen Siegels« und der »Großen Vervollkommnung« werden im Innersten erlebt, sind selbstbefreiend, berühren die Ganzheit des Übenden und schließen weitgehend das »Lamdrel« – Weg und Frucht – der Sakya-Schule mit ein. Lag aber bei einem Schüler eher das Studium an und wollte er sich der Einsicht durch die begrifflichen Mittel des »Großen Mittleren Weges« aus einer gesicherten Lage heraus nähern, ging man in ein Kloster der neuen Tugendhaften Schule.

Wie bei den Namen der Buddhaformen werden sich die europäischen Bezeichnungen auch für diese Mittel durchsetzen müssen, sonst kann die Lehre nicht heimisch werden. Die hingebungsvollen Tibeter übersetzten vor 1000 Jahren auch sofort die Sanskrittexte, die sogar Buddhas eigene Worte waren. Ihre höchste Sicht, immer noch weitgehend unter den tibetischen Namen »Chagchen«, »Umachenpo«, und

»Dzogchen« oder den ursprünglichen Bezeichnungen »Mahamudra«, »Madhyamaka« und »Mahati« auf Sanskrit, sind ein grenzenloses Geschenk sowohl an die Begeisterungsfähigkeit als auch an die Denkfähigkeit der Menschen.

Wie sieht der Weg zu solchen Reichtümern aus? Schon die Lehren des Großen Mittleren Weges öffnen Welten von Mitgefühl und Weisheit, aber beim Diamantweg angelangt, geschieht plötzlich auf allen Ebenen viel. Der durch die tiefenwirksamen Mittel des Großen Siegels und der Großen Vervollkommnung verstärkte Aufbau von guten Eindrücken ermöglicht das schnelle Übernehmen von Buddhas Eigenschaften und denen der eigenen Lehrer. Die durch die Verschmelzungsphase in der Meditation verstärkte Offenheit wächst bis zur Erleuchtung. Sie wirkt so lange, wie die Bände zum Lama und das Vertrauen in die eigene Buddhanatur gehalten werden. Dennoch bleiben Grundneigungen wie Anhaftung, Verwirrung oder Widerwillen noch lange bestehen, weil seit anfangsloser Zeit Eindrücke angesammelt wurden. Mögliche frühere Verbindungen zu einem Lehrer und das Vorherrschen des einen oder anderen dieser Gefühle entscheiden, welcher der genannten Wege einem am besten weiterhilft. Sie bestimmen, in welcher Schule und mit welchen Übungen man sich aufgehoben fühlt.

Daß heute viele Westler so erfolgreich den Diamantweg nutzen können, hat mehrere Gründe: Die in den frühen siebziger Jahren ursprünglich in unsere Länder gelangten Übertragungen sind besonders. Sie wurden von Vertretern der alten Verwirklicher-Linien gebracht und waren rein und ungebrochen. Obwohl später einige hochbetitelte Linienhalter oft politisch und zu oft menschlich versagten, tat das den gegebenen Einweihungen und Belehrungen keinen Abbruch. Wenn die Westler deshalb solche Lamas als Lehrer aufgaben, geschah es nur aus idealistischen Gründen und ohne Widerwillen. Es war für keinen schlecht, und so blieb die Kraft erhalten. Ein weiterer Grund ist die hohe natürliche Begabung, zu der einem zusätzlich in unseren Schulen die Fähigkeit zur Einsgerichtetheit von klein an anerzogen wird.

Frei von einengenden Vorstellungen zu sein ist das Große Siegel. Das richtunggebende Gefühl, daß man sich für den Laien- und Verwirklicher-Weg der Karma Kagyü Linie eignet, zeigt ein Vertrauen in den Lehrer und seine Übertragung samt einer Neigung zu fröhlicher Begierde. In der »Mündlichen Übertragung«, was das Wort »Kagyü« bedeutet, geht nichts ohne menschliche Wärme. Man ist beglückt darüber, wie reich der Raum ist, was alles darin geschehen kann, wie spannend doch die Leute sind. Die Einstellung ist grundlegend bejahend, man ist offen für das Frische und Neue. Ob sich die Anhaftung in eine gesunde Richtung entfaltet oder ob sie sich »verfrustet«, entscheidet über Gedeih und Verderb von Verwirklichern und Diamantweg-Gruppen. Im ersten Fall ist das Verhältnis zum Körper und Liebesleben freudvoll und nah. Man denkt grundlegend zuerst an das, was anderen oder einem selbst gefällt, erlebt die Menschen und die Welt als an sich anziehend und spannend. In dieser Linie verändert sich der Rohstoff Begierde über Dankbarkeit und Vertrauen weiter zu Hingabe und befähigt einen, die erwünschten Eigenschaften der Buddhas und Lehrer schnell zu übernehmen. Möglich wird dieser Weg durch die Bereitschaft, starke Erfahrungen überpersönlich zu sehen. Seine Gefahren sind Gefühlsduselei sowie die Neigung, wichtige Zeit mit Erwartungen zu vergeuden und von Erlebnissen abhängig zu werden. Lernen die einzelnen Menschen wie auch die Gruppen und Zentren nicht, den Reichtum ihrer

vielen Fähigkeiten wahrzunehmen und nach eigenem Ermessen ins Leben einzubringen, unterschätzen sie sich zum
Schaden aller. Statt selbständig zuzupacken, warten sie dann
viel zu lange auf den nächsten vorbeikommenden Segens-
träger. So geht aus mißverstandener Hingabe leicht der
Schwung verloren.

Für Leute mit vorherrschender Anhaftung ist also das
Große Siegel der geeignete Weg. Es bietet gleichzeitig den
Überblick und eine ganzheitliche Erfahrung, es überzeugt
wie das Schwimmen im Meer. Frei von jeder Einengung ermöglicht es ein müheloses Verweilen im Hier und Jetzt, und
so wird alles immer weiter und sinnvoller. Die verwendeten
Mittel lassen einen vor allem die Vielfalt des Geistes erfahren. Der Erleber und alles, was sich äußerlich wie innerlich
ausdrückt und untrennbar von ihm ist, bereichern sich gegenseitig.

**Frei von Begrenzungen zu sein ist der Große Mittlere
Weg.** Es ist auch möglich, obwohl weniger heldenhaft, mit-
tels einer Wasserprobe Wichtiges über das Meer auszusagen.
Diese gründliche Lernweise, die über Begriffe geht, heißt
der »Große Mittlere Weg« und beschäftigt sich mit dem Wissen aus Buddhas Sutras. Die Gruppen, die damit arbeiten,
werden im Westen oft von Mönchen und Nonnen geleitet,
was sich auf ihr Verhalten auswirkt. Weil man aber damit auf
der Ebene von Vorstellungen und Gedanken bleibt, unterscheidet sich dieser Weg, den vor allem die Gelug-Schule
des tibetischen Buddhismus anwendet, von den schon erwähnten »tantrischen« Linien, die früh auf unmittelbarer
ganzheitlicher Erfahrung bestehen.

Durch die sutrischen Belehrungen sickern Gedanken und
Vorstellungen allmählich vom Kopf ins Herz und bringen
die Entwicklung schrittweise voran. Die volle Erleuchtung in

dieser Weise zu erreichen dauert laut eigener Erläuterung dieser Schule »drei zahllose Weltzeitalter«, was über die Jahrhunderte zu vielen Fragen an die Vertreter des Diamantweges geführt hat. Ihre Texte versprechen die Erleuchtung in nur einem Leben, wenn die nötige Grundlage geschaffen wurde. Die Lebensgeschichten von so erstaunlichen Verwirklichern wie Guru Rinpoche, Marpa, Milarepa und den Karmapas sind eindrückliche Beispiele dafür.

Für jeden ist tatsächlich der Weg am schnellsten, der ihm oder ihr liegt. Wer sich erst die richtigen Belehrungen anhört und auf der Grundlage eines gesicherten Wissens später meditiert, ist sehr gut vorbereitet. Außerdem läßt einen jede Begegnung mit Erklärungen zu Mitgefühl und Weisheit sehr reifen. Nicht nur die Lehren zur höchsten Sicht können das.

Der Große Mittlere Weg eignet sich vor allem für Menschen, die sich bedacht und im Einklang mit der geltenden Moral Schritt für Schritt entwickeln wollen. Sie sind keine geistigen Fallschirmspringer und fühlen sich meistens durch Verwirrung gestört. Sie erfahren ihre Gefühle nicht stark und sind sich oft ihrer wirklichen Wünsche nicht sicher. Da sie wenig stürmisch veranlagt sind, stimmt der eben beschriebene Weg der Überlegung mit diesem Menschentyp überein. Zudem muß jedes untermauerte Wissen sich eines Tages in Einsicht und Erfahrung umwandeln. Auch wenn der Aufbau länger dauert: In den Händen verläßlicher Lehrer führt jeder Weg Buddhas zum Ziel und hat tiefen Sinn!

Alles einschließend, wird es auch Große Vervollkommnung genannt – sie arbeitet wie das Große Siegel. Sie zielt unmittelbar mit Körper, Rede und Geist auf die unveränderliche, letztendliche Erfahrung. Diese Einsicht wird vor allem durch die »Nyingma«, oder »Alte« Schule des tibetischen Buddhismus vertreten, die sich im Westen gerne

»Dzogchen« nennt. Ihre Weise, den Geist zu beobachten, nutzt die Tatsache, daß äußere wie innere Erscheinungen sich selbsttätig wieder in den Raum auflösen, ohne etwas an dessen zeitlosem Wesen geändert zu haben. Ihre Anhänger erfahren also den Erleber durch seine selbstbefreiende Kraft. Man ist erleichtert, daß man die ganzen Geschehnisse wieder los wird und erfährt sichterweiternd, daß der Geist sich von jedem Eindruck wieder befreit.

Vor allem Leute mit einer Neigung zu Stolz und Zorn nutzen diesen Weg. Man sieht das heute im Westen bei den Dzogchen-Gruppen. Sie halten bewußt mehr Abstand, auch unter sich, und wissen sehr genau, was ihnen nicht gefällt. Ihre Entwicklung geschieht vor allem durch den Segen des großen Meisters Guru Rinpoche, einer Hauptquelle der Kraft auch bei den Kagyüpas und den Sakyapas. Die Weite seiner höchsten Sicht durchdringt ihre Anschauung, und um beim Beispiel des Wassers zu bleiben, würde man hier einen See überfliegen, um sein Wesen zu erkennen. Über die Jahrhunderte haben sich die Halter des Großen Siegels und der Großen Vervollkommnung ständig ausgetauscht. Oft hält ein Verwirklicher beide Übertragungen. Bei der Wortwahl muß man jedoch aufpassen. Die Begriffe zur Beschreibung der Wahrnehmungen fallen oft sehr unterschiedlich aus.

Die Sakyapas, die dritte der alten Diamantweg-Linien, erwähnt Karmapa hier nicht. Sie arbeiten übrigens mit einem stärker verstandesmäßigen und gelehrten Zugang zum Großen Siegel. Ihre Übertragung läuft weitgehend durch Familienbände und Sippen. Sie haben nach der Flucht 1959 vor allem in Singapur und Seattle ihre Gemeinschaften neu aufgebaut. Auch ihr Lamdrel ermöglicht eine unmittelbare, jenseits von Begriffen liegende Erfahrung von allen Ebenen des Geistes.

Wie die Aufstellung auf der gegenüberliegenden Seite zeigt, enthalten die hier aufgeführten Wege zur letztendlichen Sicht und Gelehrtheit unzählige Meditationshilfen, die die Arbeit mit dem Geist unterstützen. Die Arbeit mit bewußter Atmung, Schwingung und den Verschmelzungen mit den Lichtformen der Buddhas bringen selbstverstärkende Ergebnisse hervor. Auch die gesunde alltägliche Vernunft steht ihnen zur Seite. Wer trotz aller vorhandenen Störgefühle und Unzulänglichkeiten den Überschuß hat, sich als Buddha in einem Reinen Land vorzustellen, findet im Diamantweg unzählige Werkzeuge für seine Vertiefung und sein Leben. Obwohl sie von Karmapa nicht ausdrücklich erwähnt werden, gehörten sie zum Allgemeinwissen seiner Zeitgenossen wie auch der meisten Tibeter bis heute. Deswegen wäre es schade, hier nicht darauf einzugehen:

Dem Geist gehören sowohl Tatkraft als auch Weisheit und die Fähigkeit zur Begeisterung. Vor allem wer ein nahes, handlungsfreudiges Verhältnis zu Körper und Welt besitzt, kann die Erleuchtung sehr gut über die Energieebene finden, so wie auch jeder im alltäglichen Leben durch die Verarbeitung der inneren Erlebnisse und Störgefühle weiter kommen kann. Schließlich: Wer es schafft, sich wie ein Buddha in einem Reinen Land zu verhalten, bis er einer geworden ist, hat den ganzheitlichsten und deshalb schnellsten Weg gewählt.

Findet man durch Anhaftung zum Großen Siegel, ziehen einen auf der »nicht zu überbietenden« (skt.: Anuttara) Ebene der vereinigten Buddhas, die »Mutter-Tantras« an. Hier wird die aufbauende Phase wegen des starken Vertrauens oft kurz gehalten. Man badet lange und genießerisch in der Verschmelzungsphase mit den Buddhas. Als tägliche Einstellung lohnt es sich dabei, die Vergänglichkeit aller Erschei-

Merkmale der Übertragungslinien

Die Mündliche Übertragung (Kagyü-Linie)	Die Tugendhaften (Gelug-Linie)	Die Alte Übertragung (Nyingma -Linie)
Wichtigstes Tantra		
Mutter-Tantra Kurze aufbauende, lange verschmelzende Phase in der Meditation.	Nichtduales Tantra Aufbau und Verschmelzung gleich lang Viele Einzelheiten, um den Geist festzuhalten	Vater-Tantra Lange aufbauende, kurze verschmelzende Phase in der Meditation.
»Will genießen«.	»Kann sich schwer entscheiden«.	»Will nicht betrogen werden«.
Einsicht		
Großes Siegel	Großer Mittlerer Weg Analyse	Große Vervollkommnung Sichtweise
Erfahrung sehr schnell mit dem richtigen Segen	Der Weg ist damit viel zäher, länger	Entwicklung sehr schnell, wenn man die allerhöchste Sicht halten kann
Hauptbuddha		
Höchste Freude & Diamantsau (Demchog & Phagmo)	Geheime Sammlung (Sangwa Düpa)	Diamantdolch (Dorje Phurba)
Buddhafamilie		
Lotus-Familie	Buddha-Familie	Diamant-Familie
Hauptstörgefühl		
Anhaftung	Verwirrung	Zorn, Stolz
Arbeit auf täglicher Ebene		
Sich der Vergänglichkeit bewußt sein. Gute Gefühle sofort und an alle weiterschenken	Weniger überlegen. Erster Gedanke – bester Gedanke! Sich an Leitsätze halten.	Sich Krankheit, Alter und Tod bewußt sein. Dadurch Mitgefühl für die Wesen entwickeln.

Sakyapas – im Vers nicht erwähnt – liegen zwischen Kagyüpas und Gelugpas:
Wichtigstes Tantra: Mutter-Tantra, Hauptbuddha: Oh Diamant (Kye Dorje)

nungen im Geist zu halten und gute Erfahrungen bewußt mit anderen zu teilen.

Liegt wegen Verwirrung der Große Mittlere Weg an, meditiert man erst sehr viel später. In den riesigen Gelug-Klöstern Tibets bedeutete das mitunter erst nach zwanzig Jahren Studium, wie es der bekannte Geshe Rabten und andere Lamas dieser Schule beschreiben. Heute hat der große Wunsch nach Erlebnissen im Westen den Ablauf sicher überall verkürzt. Die weniger nahe Anleitung durch einen Lehrer und die dadurch entstehende große Auswahl von möglichen Anweisungen und Erklärungen läßt aber viele in ihrer Vertiefung zwischen Erfahren und Denken hin und her schwanken. Auch die weniger genauen Übertragungslinien erschweren den Zugang. Z.B. gibt der Dalai Lama die Lehre als die wichtigste Zuflucht, nicht den Lama als direkte Verbindung zum Buddha wie im Diamantweg. Hier geht es eher um das Verstehen und den Weg als um das Beispiel und das Ziel.

Bei Verwirrung ist ein guter Leitsatz: »Erster Gedanke – bester Gedanke!« Man soll einfach das tun, was vor der Nase liegt, und die Sachen der Reihe nach erledigen. Allmählich entsteht so auch über die Sammlung des Geistes zeitlose Freude und Kraft.

Wer aufgrund von vorherrschendem Zorn oder Stolz zur Großen Vervollkommnung stößt, sichert sich gerne durch eine lange aufbauende Meditationsphase ab. Er vergewissert sich mit vielen Einzelheiten und Rückkopplungen, daß alles noch beherrschbar ist, und hält oft die Verschmelzungsphase kurz, weil sie als zu nah erlebt wird. Im Alltag ist das beste Gegenmittel gegen Stolz und Zorn das bewußte Entwickeln von Mitgefühl. Die Feststellung, daß die Wesen eher aus Dummheit denn aus Bosheit ihre Fehler machen und dadurch später leiden werden, sollte als nützliche Gewohnheit eingebaut werden.

Mögen wir die Gewißheit erlangen, daß mit der Erkenntnis von einem alle verwirklicht sind! Nach dieser Übersicht, wo jeder allmählich das Richtige für sich finden wird, und erfahrene Lehrer öfters mehrere Übertragungen halten und auch vermitteln können, kehrt Karmapa wieder zum alles Verbindenden zurück. Es ist gleich, wie das Ziel erreicht wird. Die wirksamsten Mittel, die einem einleuchten, sind die richtigen.

Welchen Weg Buddhas man auch wählt und ob Gier, Verwirrung oder Stolz den Treibstoff bringen: Am Ende steht die Erleuchtung. Mit ihr sind augenblicklich alle Meditationen und Belehrungen verwirklicht. Karmapa überschaut wie von einer Bergspitze aus alles: Er erfährt das Letztendliche und kann gleichzeitig alle Wege zeigen, die dorthin führen.

Jede Mischung von Störgefühlen ist ein möglicher Einstieg. Buddha hat an alle gedacht. Jeder kann auf jeder Ebene das für ihn Passende erhalten. Ob man gerne im Meer schwimmt, eine Wasserprobe davon untersucht oder das Meer vom Flugzeug aus betrachtet – in jedem Fall lernt man etwas über Wasser.

བདག་ དང་ མཐའ་ ཡས་ སེམས་ ཅན་ ཐམས་ ཅད་ ཀྱི །

Unaufhörliche Große Freude, frei von Anhaftung;

བསམ་ སྦྱོར་ རྣམ་ དག་ གཏན་ དེ་ ལས་ སྐྱེས་ པའི །

unverschleiertes Klares Licht, frei vom Festhalten an Merkmalen;

འཁོར་ གསུམ་ རྟོག་ མེད་ དགེ་ ཚོགས་ རྒྱ་ རྒྱུན་ རྣམས །

selbstentstandene Begriffslosigkeit, jenseits von Vorstellungen.

རྩོལ་ མེད་ ཉམས་ སུ་ སྐྱོང་ རྒྱུན་ ཆད་ མེད་ པར་ཤོག །

Mögen wir diese Erfahrungen mühelos und ununterbrochen machen!

VERS 20

Da Erleuchtung jede Vorstellung überschreitet, gibt es unzählige Zugänge zu jedem dieser Verse. Man sollte sie mal eher mit Gefühl und mal aus dem Verständnis heraus angehen. Diesmal liegt es nahe, die Einsichten Karmapas der Reihe nach zu durchleuchten. Alle Aussagen sind befreiend!

»Unaufhörliche große Freude« Mit der ersten Zeile zeigt Karmapa wieder auf die Klarheitsebene des Geistes, auf seinen Reichtum an Möglichkeiten und sein ungehindertes, freies Spiel. Er beschreibt hiermit keine vergänglichen angenehmen Zustände, die durch besondere Bedingungen hervorgebracht und als Gegenteil von Leidzuständen erfahren werden, sondern das uferlose Gewahrsein des zeitlosen Geistes. Sobald tiefste Furchtlosigkeit erscheint, weil man das eigene Wesen als unzerstörbaren Raum erkannt hat, erlebt man zugleich höchste Freude durch die ihm innewohnende Klarheit und Kraft. Sie ist der selbstentstandene Überschuß des Raumes und zeigt sich innerlich als die Erfahrung von der Ursprünglichkeit und Frische einer jeden Lage und von den wonnereichen Bewegungen in den Bahnen und Rädern des Energiekörpers. Äußerlich verdichtet sich derselbe Reichtum als die Reinen Länder der Buddhas, als ihre Lichtgestalten sowie die Energiefelder (skt.: Mandala, tib.: Kyilkhor), die sie ständig umgeben. Die Buddhas und ihre Kraftkreise entstehen bereits beim ersten vertrauensvollen Gedanken an sie oder an den Lama, der sie vertritt. Schon beim Sprechen der ersten Silbe ihrer Anrufungen (skt.: Mantra, tib.: Ngag) sind sie da, ob man sie wahrnimmt oder nicht. Wie unmittelbar die Buddhas einem beistehen können, hängt dann davon ab, in welchem Maße man eine Einstellung zum Besten anderer aufgebaut hat und wie viele Altlasten man aus dem Geist entfernt hat. Die beiden Anhäufungen – Mitgefühl und Weisheit –, wie sie in den althergebrachten Texten genannt werden, ermöglichen den Buddhas, in das Karma der Wesen einzugreifen. Das dadurch ermöglichte Wachsen ihrer Regenbogenpaläste im Übenden und um ihn herum gibt die Kraft, die nicht zu überbietenden geistigen und körperlichen Reichtümer des Diamantweges zum Besten aller einzusetzen.

Als Strahlkraft des Erlebers erkannt, ist dieser Zustand einem Spiegel vergleichbar, der viel wirklicher und leuchtender ist als seine wechselnden Bilder. Er ist die zeitlose Fähigkeit, die Dinge ungefärbt und unmittelbar zu erfahren, die Frische des Bewußtseins, die alles ermöglicht. Diese Freude des Raumes wird viel stärker erlebt als alles, was darin erscheint und vergeht. Sie strahlt wie ein Licht aus sich selbst heraus. Unsere feinsten Eigenschaften wie Liebe, Weisheit, Freude, Mut und Kraft sind keine Beigaben zum Geist von woanders her, sondern zeitloser Ausdruck seines Wesens. Seine Raum-Klarheit bringt ständig und immer spielerisch neu ihre grenzenlosen Möglichkeiten hervor. Sie vereinigt Form, Laut und Leerheit und macht die Welt zu einem Reinen Land.

Weil ihre einzige Ursache die Wahrnehmung selbst ist, entsteht diese Freude unaufhörlich und vollkommen ohne Anstrengung. Aus demselben Grund ist sie unzerstörbar. Der Geist ist immer leuchtend, und man stürzt wegen des Nichtvorhandenseins eines *Ich* oder einer äußeren Welt nicht in ein drohendes Schwarzes Loch. Auf letztendlicher Ebene ist kein Herausfallen aus seiner grundlegenden Reinheit möglich. Was auch mit Hirn und Nerven als Umformer und Träger des Bewußtseins geschehen mag: Dem Geist an sich kann nichts Schädliches zustoßen.

Seinem Wesen nach ist er Raum, aber nicht wie eine weiße Wand, die nichts zeigt, wenn keine Bilder auf sie gestrahlt werden. Statt dessen leuchtet er zeitlos von innen heraus wie die Sonne. Aus eigener Kraft erfährt der Geist alles und läßt mühelos Inneres wie Äußeres entstehen. Obwohl die Kraftkreise der Freudenebene an einigen Stellen durch Segen und Meditation spürbar stärker verdichtet sind, auf der letztendlichen Wahrheitsebene ändert das nichts. Jeder, der mit Einweihung, angeleiteter Meditation (tib.: Gumlung) oder Übertragung zum Großen Siegel meditiert, schafft sowieso neue Reine Länder überall! Der Geist ist immer gegenwärtig. Raum ist gleich Möglichkeit, und das kann nicht an einer Stelle mehr und woanders weniger sein. Deshalb sind die Wesen auch schon erleuchtet, sie müssen es nur entdecken. Weil die Wahrheitsnatur alles durchdringt, waren alle schon immer Buddhas. Sogar die außergewöhnlichsten Lehren des Diamantweges, so wie hier das Große Siegel, können mit ihren wirksamsten Mitteln nur die Schleier entfernen, die von der Erkenntnis des Geistes abhalten. Der Wahrheit selbst etwas hinzufügen können sie nicht.

Die Augenblicke, in denen sich der Erleber durch den Fluß seiner Vorstellungen hindurch selbst erfährt, treffen den ungeübten Geist zunächst völlig unerwartet. Sie sind wie Sonnenstrahlen, die plötzlich zwischen den Wolken seiner Gewohnheiten und Erwartungen hervorbrechen. Wer buddhistisch lebt, die nötigen sinnvollen Eindrücke aufbaut und sein Speicherbewußtsein von Unverdaubarem leert, wird immer öfter Schimmer von letztendlichen Zuständen erfahren. Von dem Zeitpunkt an, wo die Vorstellung eines vorhandenen *Ich* weggefallen ist und man sich nicht mehr als Zielscheibe auffassen kann, ist die Entwicklung gesichert. Auf der folgenden Strecke bis zur letztendlichen Verschmelzung von Erleber, Erlebtem und Erleben findet der Verwirklicher immer mehr seine leuchtende Mitte. Dann gibt es nur noch Bedeutung ohne Ende.

Wie glückbringend diese Zustände auch sein mögen, man sollte wegen der zeitlosen Wonne der Erleuchtung die bedingten Freuden des Lebens keineswegs ausschlagen. Durch sie schafft man ja seine Verbindungen zu anderen. Im Vergleich zum verwirklichten Zustand bleiben diese Freuden jedoch dünn. Ein Buddha erfährt in einer Fingerspitze ständig das Glück, das Liebende in den besten Augenblicken der Vereinigung im ganzen Körper erleben. Sogar die schönsten bedingten Zustände sind nur ein Schatten von den Möglichkeiten, die zeitlos dem Geist innewohnen. Die Erfüllung, die sich von der Ebene der Befreiung an nur noch weiter zur Erleuchtung hin entfaltet, breitet sich zugleich von den Meditationssitzungen immer mehr auf das ganze Leben aus. Am Ende des Weges steht eine riesige, ständige Wonne und ein grenzenloses »Ja!« zum Sinn aller Dinge.

Frei von Anhaftung Warum denn das? Weil die Freude der Verwirklichung alles übertrifft. Wer im vollen Sonnenlicht steht, sieht Mond und Sterne nicht. Aus der frischen Wonne des Raumes erfahren, sind bedingte Glückszustände kleine Zusatzgeschenke. Diese Freuden sind sinnvoll, weil sie einen mit anderen verbinden, man kann sie aber je nach Wunsch annehmen oder nicht. Sobald der unermeßliche, stete Reichtum wahrgenommen wird, rufen bedingte Erfahrungen keine Anhaftung mehr hervor. Wo höchste Freude als

das Wesen der Dinge erkannt wird, hat alles Zusammenge-
setzte wenig Kraft, und wer im Wesen des Geistes verweilt,
beobachtet mit Verwunderung, wie sich die Wesen von vergänglichen Werten abhängig machen und den Erfolg ihres
Lebens an ihrem Verbrauch messen.

Unverschleiertes Klares Licht Das »Klare Licht« des Geistes bleibt ein Begriff, bis der Segen eines Lehrers, der die
Übertragung des Großen Siegels hält, »greift«. Wenn die Vermittlung gelingt und die Schüler immer furchtloser innere
wie äußere Geschehnisse als Spiegel – und Spielplatz – für
ihren Geist erkennen, ist Erleuchtung nur noch eine Frage
von Einsatz und Zeit. Wichtig ist dabei zu wissen, daß es sich
nicht um ein Licht von woandersher dreht, sondern um
einen nicht abreißenden Fluß von eigenen Aha-Erfahrungen.
Untrennbar von den empfangenen Eindrücken wird dabei
ihre Traumähnlichkeit wahrgenommen, ihre gegenseitige
Bedingtheit und »Leerheit von Eigennatur«, wie es Buddha
ausdrückte. Während sich Erleber und Erlebtes durch diese
Einsicht gegenseitig spiegeln und bereichern, tritt die erleuchtende Weisheit des Großen Siegels hinzu: sie waren
ihrem Wesen nach immer eins und sind Ausdruck desselben
allwissenden Raumes. Es gibt keine andere Verwirklichung
als das Verweilen in dieser grenzenlosen Erfahrung, die zugleich alles umfaßt.

Und warum ist das Klare Licht ohne Vorstellungen und
Schleier? Weil das Große Siegel so überzeugend befreit.
Nach dem Annehmen dieser Sichtweise und einigen Erfahrungen von ihrer Kraft können höchstens vorübergehend
Fetzen von früheren Gewohnheiten und Vorstellungen auftreten. Bedingte Gedanken und Gefühle sowie jede andere
zweiheitliche Wahrnehmung trüben den Geist jedoch nur,
wenn man sich von ihnen einengen läßt oder sie für wirk-

lich hält. Ansonsten sind sie seine freien Spiele und als Werkzeuge für die Begegnung mit anderen nützlich, wenn fehlende Offenheit kein unmittelbares Mitschwingen erlaubt.

Weil der letztendlichen Wahrheit keine neue Einsicht hinzugefügt werden kann, haben alle Ebenen von Buddhas Lehre nur einen Sinn: die Hindernisse aus dem Erleuchtungsweg zu räumen und den Geist zu zeigen, wie er ist. Wenn keine Störgefühle die Klarsicht des Geistes verschleiern, ist man befreit, und alles wird zum Reinen Land. Sobald außerdem die steifen Vorstellungen verschwunden sind und tiefstes Mitgefühl erwacht ist, ist man erleuchtet. Der Erleber erkennt sich dann ununterbrochen als Raum, klar und unbegrenzt. Jede Erscheinung ist rein. Nach Wunsch schaltet man seine Gedanken ein und aus, läßt sie nützliche Diener sein, aber keine schwierigen Herren. Man hält sie für mögliche Einsätze bereit, erlaubt ihnen aber nicht, die Frische des Hier und Jetzt einzuengen.

Frei vom Festhalten an Merkmalen. Warum braucht die große Freude keine Merkmale? Weil auch ihr Ursprung, der Raum, von nirgendwoher etwas braucht. Als das Wissen, das alles verbindet, und als die Grundlage alles Äußeren wie Inneren steht er in keiner Beweisnot. Wer die leuchtende Fläche des Spiegels hinter den Bildern entdeckt oder die riesige Tiefe des Meeres unterhalb seiner Wellen erfaßt, verliert dabei nicht die bedingte Welt. Er wird sich aus seinem neu gefundenen zeitlosen Reichtum heraus noch viel stärker über die vielfältigen Bilder freuen und auch jede erscheinende Welle spannend finden. Das Erkennen ihrer Merkmale geschieht dabei immer locker und ohne Anhaftung, denn es könnte auch anders ganz reizvoll sein. Jeder Augenblick ist ohnehin ein neues Geschenk! Kein Festhalten hat mehr

Sinn, denn man ist schon viel reicher als alles, was man sich hätte vorstellen können. Wer sein Wesen als unverschleiertes, klares Licht erfährt, braucht nichts und ist völlig frei. Er kann zwar dem gegebenen Hintergrund entsprechend Dinge als schön oder unschön erkennen, muß es aber nicht. Auf letztendlicher Ebene ist alles grundlegend rein und an sich bedeutend. Man handelt aus der Erfahrung der Einheit heraus zum Besten aller.

Selbstentstandene Begriffslosigkeit, jenseits von Vorstellungen. Ohne die Trennung zwischen Erleber, Gegenstand und Tat ist jede Lage entspannt. Man denkt und handelt dann ohne Zweifel und völlig bewußt in das vorliegende *Entweder-oder* hinein, während aus der höchsten Ebene ein breites *Sowohl-als-auch* die Sichtweise steuert. Durch sie ist alles wahr, bloß weil es geschieht. Jede Tat entsteht aus Überschuß. Das Klare Licht des Erlebers braucht keine Bestätigung und ist sowieso jenseits aller Vorstellungen. So, unverschleiert und ohne Erwartungen und Befürchtungen, erscheint der begriffsfreie Zustand von selbst. Alles wird in seiner zeitlosen Frische erlebt.

Mögen wir diese Erfahrungen mühelos und ununterbrochen machen! Oft wurden aus der Zen-Richtung Bücher zum ersten Teil dieser letzten Zeile geschrieben. Jeder kennt entsprechende Beispiele für erfolgreiche Mühelosigkeit. Nach einer Woche, in der man erfolglos versucht hat, den Papierkorb zu erwischen, vergißt man irgendwann, das zu wollen. Also knüllt man die mißratene Seite zusammen, guckt kaum hin und trifft. Oder man weiß, wer anruft, bevor man die Stimme hört, oder findet den Brief von jemandem im Briefkasten, an den man eben gedacht hat. In solchen erwartungslosen Augenblicken ist man viel eher mit den Geschehnissen eins, als wenn man tief über sie nachsinnt. Das

Große Siegel sowie die Diamantweg-Meditationen bringen höchst wirksam und über immer längere Zeiträume hinweg ganzheitliche Erfahrungen hervor. Wenn Begriffe und Vorstellungen dann wieder angenommen werden, um die bedingten Aufgaben des Alltags zu meistern, bleibt tief innen das Gefühl der Freiheit, wie nach einem Fallschirmsprung.

Der Geist war seit anfangsloser Zeit verwirrt und braucht daher viel Übung, um sich in der beschriebenen Weise wahrzunehmen. Deshalb ist Karmapas letzter Rat, ihn durch viele Wünsche daran zu gewöhnen. Obwohl es keinen Erleuchtungsweg für Faule gibt: Gut angekommen zu sein und dann ständig und ohne Anstrengung in der höchsten Freude zu verweilen – wer möchte das nicht?

2. Karmapa, Karma Pakshi, 1204 - 1283

བཟང་ཞེན་ཉམས་ཀྱི་འཛིན་པ་རང་སར་གྲོལ།

Anhaftung an Angenehmem, das Festhalten an
guten Erfahrungen, befreit sich in sich selbst,

ངན་རྟོག་འཁྲུལ་པ་རང་བཞིན་དབྱིངས་སུ་དག

und das Blendwerk schädlicher Gedanken reinigt sich
in der Weite des Geistes;

ཐ་མལ་ཤེས་པ་སྤང་བླང་བྲལ་ཐོབ་མེད།

das Gewöhnliche Bewußtsein ist frei von Aufgeben und
Annehmen, frei von Vermeiden und Erlangen.

སྤྲོས་བྲལ་ཆོས་ཉིད་བདེན་པ་རྟོགས་པར་ཤོག།

Mögen wir die Wahrheit dieser Wirklichkeit, das Freisein
von einengenden Vorstellungen, erkennen.

VERS 21

Der Inhalt der letzten Verse war so bedeutend, daß Karmapa viele Aussagen wieder aufgreift. Da Erleuchtung zeitlose höchste Wonne ist, fühlt es sich zwar richtig an, die allgemeinen, vergänglichen Freuden des Lebens zu genießen, aber bereits früh auf dem Entwicklungsweg fesseln sie einen immer weniger oder nur vorübergehend. Anhaftungen lösen sich von selbst auf, weil im Zustand des Großen Siegels die Strahlkraft des Geistes so überwältigend ist. Dadurch werden bedingte Erfahrungen – auch die schönsten – eher zu einem Zusatzgeschenk. Der ständig erlebte Freudenpegel liegt einfach so hoch, daß man bei angenehmen Erlebnissen sofort an die Bedürfnisse anderer denken muß – einem selbst geht es ja bereits vorzüglich. Hier bestätigen sich die Aussagen vieler Verwirklicher: Weil an sich schon alles vollkommen ist, braucht man nur noch loszulassen, um wirkliche Erfüllung wahrzunehmen!

Und warum können sich **schädliche Gedanken in der Weite des Geistes reinigen**? Weil sie nicht verschieden sind vom Geist. Sie entstehen aus und entfalten sich in seinem Raum, werden durch seine Klarheit erkannt und verschwinden wieder in seiner Unbegrenztheit. Getrennt vom Geist kann es sie nicht geben. Um eine solche befreiende Sicht zu erlangen, die wirkliche Gelassenheit bringt, ist das Wichtigste, sich nicht wegen vorbeiziehender Gedanken zu beurteilen, sondern ihr Spiel, wenn möglich, zu genießen. Man kann sie auch in ihrer Vielfalt beobachten, zur Kenntnis nehmen oder einfach liegen lassen, links wie rechts. Sie sind der Geist, und dieser ist klares Licht. Also sind sogar störendste Gefühle und andere komische Erfahrungen ihrem Wesen nach rein.

Auf letztendlicher Ebene sind Gedanken und Gefühle Ausdruck der dem Geist innewohnenden Weisheit. Man sollte die als unangenehm erlebten unter ihnen wie Wellen sehen, die der Surfer einfach nicht nehmen mag, oder wie langweilige Sendungen im Fernsehen – die Tibeter sagen: »eine tote Kuh« – wo man nur kurz hinschaut. Sie haben weder Arme noch Beine, sind ihrem Wesen nach unauffindbar und besitzen nur die Kraft, die man ihnen schenkt. Man steht hier bestimmt vor keinem drei Meter großen, achthundert Pfund schweren Gorilla, den man umnieten muß.

Diese Klarsicht, nicht der Gedanken wegen leiden zu müssen, hilft vielen. Der Kluge gibt niemals seinen Trips soviel Wirklichkeit, daß sie mit ihm davonlaufen und er sie ungewollt durch schwierige Taten und Worte in die Welt setzen muß. Dieser Abstand zu den Gefühlen sollte schon nach den ersten Meditationen in Entwicklung sein. Er ist das Wichtigste aus Karmapas ersten beiden Zeilen in diesem Vers. Erst wenn einem klar wird, daß alles Entstandene wieder vergeht und der Geist an sich vollkommen ist, kann man gewieft die schlechten Rollen des Lebens vermeiden und mehrmals die guten nehmen. Zugleich kann man sich dann an den ganzen Aufführungen ergötzen.

Im Vertrauen zur Güte, die aufgrund der Uferlosigkeit des Geistes entsteht, löst sich das zwanghafte Beurteilen auf. Außer in den Fällen, wo sichtbar Leid verursacht wird, denkt man unabhängig und überläßt Vorstellungen von »böse« und »Sünde« dem Bereich des »mitunter Vorkommen-

den« oder »innerhalb eines besonderen Kulturkreises Üblichen«. Ohne Schaudern wird jedes Verhalten wahrgenommen. Man unterscheidet zum Besten aller und auf lange
Sicht, ob Freiheit oder Enge daraus entstehen wird. Diese
Sichtweise zu halten wird immer leichter. Weil der Geist an
sich vollkommen ist, wird von vornherein alles Leidbringen-
de als weniger wahr erkannt, und ohne Aufregung läßt man
Störendes durch fehlende Beachtung vergehen.

Ein dreistufiger Weg verbindet Gedanken, Worte und
Taten und nützt anderen wie einem selbst. Aus einer als
schwach empfundenen Lage heraus vermeidet der Anfänger
– ohne unehrliche Glattheit sich selbst gegenüber oder ent-
täuschende Feigheit, sondern offen und bewußt – die Um-
stände, unter denen er bestimmt Fehler gemacht hätte.

Wer in früheren Leben oder in diesem schon mit dem
Geist gearbeitet hat, steht etwas stärker da. Hier ist es sinnvoll, sich der Vergänglichkeit und Veränderlichkeit einer
jeden Schwierigkeit im Leben bewußt zu sein. Dadurch entwickelt man zugleich ein gesundes Mitgefühl für die zahllosen Unfreien und Leidenden, denen es so offensichtlich viel
schlechter geht als einem selbst.

Aus der Sicht des Großen Siegels und der Großen Vervollkommnung wird die dritte und höchste Stufe der Bear-
beitung der Störzustände oft bildhaft erklärt. Zum Beispiel
läßt man »die Diebe das Haus leer vorfinden«, gibt den Feinden weder Nahrung noch Kraft. Anders gesagt: Man macht
stur weiter, was vor der Nase liegt, und verhält sich bei Leiden wie ein Elefant, der von Dornen gestochen wird – man
kümmert sich nicht darum. Die Dornen sind zwar da, aber
man bleibt »cool« und ist sich der Stärke seiner Haut bewußt.
Nach wiederholten Auftritten in unterschiedlicher Verklei-
dung, aber ohne jeden Erfolg, bleiben die gemischten Ge-

fühle dann allmählich lieber weg. Ihre Kraft nimmt ab, und wie sie an Gefährlichkeit einbüßen, kann man ihnen sogar Tatbereiche zuordnen: Bei abflauendem Zorn den Garten umgraben, bei Eifersucht die Toilette säubern, bei Verwirrung seine Post erledigen usw. Was noch immer an faulen Trips heranschleichen möchte, zieht bei einer solchen Behandlung endgültig davon.

Die letztendliche Sichtweise, daß nur der Geist wirklich ist, und zwar als Raum und Wissen untrennbar, bringt zeitlose Erleuchtung. Sie ist grundlegend verschieden von den Vorstellungen der Glaubensreligionen, die nur die Erscheinungen sehen. Das Festhalten von guten Gedanken und das Wegschieben von schlechten, das sie lehren, ist erfahrungsgemäß unmöglich. Im Buddhismus geht es dagegen um das Zeitlose. Der Spiegel, das Meer und der Erleber sind das Ziel, nicht deren wechselnde Bilder, Wellen und Erlebnisse. Nützliches wie Schädliches, Götter wie Teufel sind vergängliche Erscheinungen des Geistes. Statt ihrer begeistert einen das zeitlos Leuchtende, aus dem alles kommt, das alles erfährt und wohin sich alles wieder auflöst. Selbstverständlich bewegt man sich auf dieser Suche zugleich geschmeidig in der Welt. Jede Entwicklung geschieht aus dem Wunsch heraus, anderen zu nützen. Ein so spannender Vorgang darf von möglichst wenig äußeren Schwierigkeiten behindert werden. Am wirksamsten von allen Mitteln entfernen Diamantweg-Meditationen wie die Grundübungen unangenehme Samen im Geist. Besser häufig als in überlangen Sitzungen angewendet, lassen sie die Buddhanatur von selbst erscheinen.

Auch Karmapas Aussage zum **Gewöhnlichen Bewußtsein** konnte nur von einem Buddhisten stammen und ist nur für Geistesverwandte verständlich. Es geht sonst überall um den »reinen Geist«, das »geläuterte Selbst«, die »gerechte Seele«, das »erhabene Ich« usw., von den unzähligen Begriffen der Psychologie ganz zu schweigen. Genau das Fallenlassen von allem Gekünstelten, von unbeweisbaren Vorstellungen und gern gehörten Scheinerklärungen hat Buddha erleuchtet. Auch unser Geist benötigt für diese wichtigste Aufgabe tatsächlich nichts als sich selbst. Es geht nur um den Erleber der Dinge – darum, daß er sich erkennt. Seiner Raum-Klarheit-Unbegrenztheit wohnen alle Erscheinungen und Fähigkeiten inne. Er muß weder irgendetwas aufgeben, um nicht schlecht zu sein, noch kann er sich etwas hinzufügen, um sich zu verbessern. Das Wesen des Geistes war immer die unzerstörbare Verwirklichung, er enthielt immer alles und muß daher nichts erlangen. Der einzige Sinn sämtlicher Meditationen und Belehrungen Buddhas ist, den Geist seine Einheit und Unbegrenztheit erfahren zu lassen.

Das ist das Ziel. Als breite Eiche unerschütterlich in der eigenen Kraft zu stehen, während man mit Humor und Mitgefühl das Disneyland der Welt vorbeiziehen sieht und dort eingreift, wo es langfristig sinnvoll und karmisch möglich ist. Wer das schafft, nützt sogar ungewollt jedem und hat alles erreicht.

འགྲོ་བའི་རང་བཞིན་རྟག་ཏུ་སངས་རྒྱས་ཀྱང་།

Die Natur der Wesen ist immer die eines Buddha,

མ་རྟོགས་དབང་གིས་མཐའ་མེད་འཁོར་བར་འཁྱམས།

**doch sie erkennen dies nicht und irren daher im
endlosen Kreislauf umher.**

སྡུག་བསྔལ་མུ་མཐའ་མེད་པའི་སེམས་ཅན་ལ།

Möge das Leid aller Wesen

བཟོད་མེད་སྙིང་རྗེ་རྒྱུད་ལ་སྐྱེ་བར་ཤོག།

überwältigendes Mitgefühl in unserem Geist erwecken.

VERS 22

Die Natur der Wesen ist immer die eines Buddha. Nach der strahlenden Weite so vieler Verse, die Buddhas letztendliche Einsicht vermitteln, setzt Karmapa jetzt zur Landung an. Um dabei die erbaulichste Ausgangslage zu erhalten, erinnert er schnell wieder an die allen Wesen innewohnende Erleuchtung. Mit dem kleinstmöglichen Verlust an Erfahrungsfrische will Karmapa die Sicht des Großen Siegels in die Welt der Tat hineinbringen.

Aber wie? Er hätte »kraftvolles Handeln« oder »unterscheidende Weisheit« als Landeplatz wählen können, dem Strom seiner Wiedergeburten entsprechend, entscheidet er sich jedoch für das **Mitgefühl**. Die befreienden Sichtweisen sollen den Wesen durch die vielfältigen Brücken dieser Einstellung ermöglicht werden.

Erfahren wie er ist, überschätzt Karmapa keineswegs seine Möglichkeiten, die erleuchtete Sicht allgemein verständlich zu machen. Sogar in den Ländern, wo sie lange bekannt war oder jetzt gerade wird, überfordert sie die meisten Menschen. Zur selben Zeit erlebt der Übende aber oft, und ab einer gewissen Entwicklungsebene ständig, daß die Wesen nur für einen Augenblick ihre Augen öffnen müßten, um denselben Reichtum zu sehen wie man selbst: daß jedes Atom vor Freude schwingt und von Liebe zusammengehalten wird. Daß die grenzenlose Raum-Klarheit eines jeden – eben der Erleber – die eines vollkommenen **Buddha** ist.

Doch sie erkennen dies nicht und irren daher im endlosen Kreislauf umher. Wer von der Ebene höchster Reinheit und tiefsten Sinns in die Welt schaut, kann sich schon wundern, was die Wesen aus ihrer Buddhanatur machen, wieviel unnötigen Schmerz sie anderen und sich selbst zufügen, wieviel freudiges Wachstum sie versäumen. Karmapa erwähnt aber keines der tatsächlichen Leiden seiner Zeit und drängt nicht zur Tat. Obwohl er bestimmt das Verstehen von Karma als Schlüssel zur Befreiung sieht und die Arbeitsweise von Ursache und Wirkung als Möglichkeit und nicht als Schicksal erfährt, gibt er keine Ratschläge, wie die Schwierigkeiten anzupacken wären. Das ist einerseits sehr östlich, könnte aber auch an der damaligen Zeit liegen, wo man sich allgemein schwächer fühlte und sich schnell den Umständen einer undurchsichtigen Welt beugte. Buddha sah die Aufgabe seiner Mönche lediglich darin, Beispiele zu sein und auf die Ursachen der Verhältnisse aufmerksam zu machen. Er wünschte nicht, daß sie ins Leben eingreifen sollten. Wie dem auch sei: Karmapa vermeidet es, Ratschläge zur Gesellschaft oder zum Verhalten der Wesen zu geben, er erinnert statt dessen wieder an die Ursache aller Leiden: Die zweiheitliche Anschauung der Unerleuchteten, die erfahrene Trennung von Erleber, Erlebtem und Erleben.

Außer am Anfang und in Vers 16, wo es um die Geistesruhe ging, blieb Karmapas Sicht auf der Ebene des Diamantweges. Der **endlose Kreislauf** von Geburt und Tod sowie jedes andere Ereignis erscheinen hier als das freie, an sich freudvolle und zugleich selbstbefreiende Spiel des Geistes. Er schrieb für die Mutigen, die zum Besten anderer leben und zugleich nach den richtigen Belehrungen meditieren, für diejenigen, die sich für die Sicht des Großen Siegels begeistern können.

Mit diesen Zeilen schaltet er jetzt auf die Erfahrungsebene allgemeiner Wesen um, wie sie so übersichtlich auf den Abbildungen des tibetischen Lebensrades veranschaulicht werden. Die dort abgebildeten Darstellungen von Einengung und Unfreiheit sind eher für diejenigen, die sich von den Bedingungen gefangen fühlen.

So weit entfernt die Erleuchtung ist, so eng sind die verwirrten Zustände, die erscheinen können. Karmapas Mitgefühl umfaßt jeden, der sein Wesen nicht erkennt und deshalb am großen Glück nicht teilhat. Die Unwissenheit ist so zeitlos wie der Geist selbst. Buddha sieht als Ursache zum Leid keine höchstpersönliche Vertreibung aus einem Paradies, sondern die Unfähigkeit des Geistes, sich selbst zu erkennen. Die Entwicklungsmöglichkeiten hören erst mit der Erleuchtung auf.

Wie sieht der **endlose Kreislauf** aus? Warum kommen die Wesen nur so schwer aus ihm heraus? Man kann es nicht oft genug hören: Einem Auge gleich, das sich selbst nicht sehen kann, dafür aber alles Erscheinende wahrnimmt, erfährt sich die Raumnatur des Geistes als ein *Ich*. Dadurch wird seine Klarheit, das von ihm Erfahrene, zu einem *Du* und »etwas von ihm Getrenntem«. Aus dieser erlebten, aber nicht wirklichen Zweiheit von Erleber und Erlebtem entstehen Anhaftung, Widerwillen sowie alle gemischten Gefühle, die dem Geist bei seinem fehlenden Überblick und Abstand höchst wahrhaftig vorkommen. Diese führen zu kurzsichtigen Worten und Taten, die wiederum klotzige Gewohnheiten und schlechte Ergebnisse nach sich ziehen. Obwohl sich jeder schließlich nur im eigenen Fettnapf befindet, sucht man dennoch die Ursache des Leids bei anderen. Man handelt oder redet gegen sie, womit die nächste schwierige Runde schon begonnen hat.

Dieser Kreislauf geht ewig weiter, bis ein Buddha erscheint und den Wesen zeigt, wie die Dinge sind. Das Verwenden seiner Mittel ist der Weg heraus, der immer zu Befreiung und Erleuchtung führt. Dann hört man auf, das Glück ständig woanders zu suchen und entdeckt: Man ist es selbst. Es war immer das Mühelose und Selbstentstandene im eigenen Geist.

Das erwähnte **Leid** ist übrigens im Licht der Erfahrungsreligionen zu sehen. Seine Ursache ist Dummheit, nicht Bosheit, und es ist durch eigene Kraft entfernbar. Buddhas erste Aussage »Es gibt Leid.« stört seit 2550 Jahren seine frischen Schüler. Sie wurde an fünf freudlose Menschen von einem Schlage gegeben, der den Diamantweg allgemein scheut. Deswegen fällt es zufriedenen Leuten nicht leicht, diese Belehrung nachzuempfinden. Denkt man aber ein bißchen nach, entpuppen sich seine Worte als gänzlich glückverheißend. Alles ist ja eine Frage der Ebene, von der aus die Erfahrungen gemacht werden. Verglichen mit der zeitlosen, höchsten Wonne der Erleuchtung, die jedem innewohnt, sind sogar die besten bedingten Freuden und die erfülltesten Augenblicke der Wesen weniger als das und dadurch eine Art von Leid. Im Gegensatz dazu spürt ein Buddha eine unaufhörliche, riesige Wonne, die von selbst aus dem Raum entsteht und sich aus jedem Erlebnis nährt. Nach einigen Jahren auf dem Diamantweg will man den Geschmack davon nicht mehr vermissen.

Das Klare Licht des Geistes zu erkennen, ist an sich unvorstellbares Glück. Da es das zeitlose, unzerstörbare Wesen aller ist, kann der wohlwollende Buddhist sich offen und ohne jedes schlechte Gewissen zu heiklen Gebieten äußern. Witzige und kritische Aussagen werden ja nur gemacht, um den Wesen langfristig Peinlichkeiten oder Leid zu ersparen.

Nur der fühlt sich angegriffen, bei dem es etwas anzugreifen gibt! Solange die Behauptungen stimmen, sollte jeder dankbar sein. Offene Worte machen niemanden klein oder arm. Im Gegenteil, die Wesen werden so auf Hindernisse aufmerksam, die sie von dem unbegrenzten Reichtum abhalten, der jedem innewohnt.

Der Ausdruck **das Leid aller Wesen** stößt einem selbstsicheren Nordeuropäer als etwas übertrieben auf. Dennoch: Die Mehrzahl der Menschen lebt weltweit im Elend. Selbst unsere besten Krankenhäuser sind keine Orte der Freude, und laut der Lehren Buddhas geht es in den Bereichen der Tiere, der Geister sowie in den Zuständen des Verfolgungswahns, auch Höllen genannt, noch viel unangenehmer zu.

Also ist Mitgefühl sehr angebracht. Nicht Mitleid, dieses Gefühl hält die Wesen klein und nimmt ihnen die Möglichkeit, jemals gleichzuziehen. Hier ist es nützlich, Schulter an Schulter zu stehen, während alle bewußt gute Eindrücke aufbauen und die Wurzeln zukünftiger Leiden entfernen. Verbindend sollte dabei die Einsicht sein, daß jedes Wesen die Buddhanatur besitzt. Man muß auch wissen, daß einem selbst bestimmt während der unzähligen früheren Leben Ähnliches zugestoßen ist, was auch wieder geschehen kann, wenn man unbewußt bleibt und so die Wesen schädigt.

Worte wie »Mitgefühl« und »Liebe« haben bestimmt einige bis jetzt in Karmapas Versen vermißt. Ihre Bedeutung war aber in seinen Wünschen stets mit einbegriffen, auch wenn sie nicht ausdrücklich erwähnt wurden. Man kann sich zwar ohne sie befreien, nicht aber wirkliche Erleuchtungszustände erreichen. Auch kann man auf erleuchteten Bewußtseinsebenen nicht umhin, diese Gefühle auszudrücken. Daß eine solche Liebe gebend und befreiend ist, nicht klebend oder erwartend, ist selbstverständlich. In anderen Texten wird ab der Stufe des Großen Weges die Bodhisattva-Einstellung sehr ausgiebig durchleuchtet und auch Karmapa widmet ihr den gesamten folgenden Weg. Diese Einstellung, auch Erleuchtungsgeist genannt, ist die Entscheidung, sich voll zu entwickeln, um anderen besser nützen zu können. Sie ist allen Schulen des Großen Weges gemein. Einige von ihnen arbeiten hier mit Vorstellungen und steigern z.B. die Dankbarkeit der eigenen Mutter gegenüber zu Liebe für alle Wesen. Andere bevorzugen eine ganzheitlichere Weise und wiederholen z.B. Schwingungen wie **OM MANI PEME HUNG** oder **KARMAPA CHENNO**. Dabei strahlt man aus dem Herzzentrum mitten im Körper Licht auf alle Wesen und bringt Liebe, Mitfreude und Gleichmut in ihre Welt[16]. Mit dem Wissen vom Wesen des Geistes ist jede verbindende Tat grundlegend sinnvoll.

Buddha zeigt mit Hilfe von drei Beispielen, wie den Wesen genützt werden kann. Der Stil des Königs, des Fährmanns und des Hirten – alle sind gut. Ihre Einstellungen sind die folgenden: Der König denkt: »Wenn ich erst stark dastehe, werde ich allen nützen.« Die Sicht des Fährmannes ist: »Jetzt erreichen wir gemeinsam etwas Gutes.« Der Hirte meint: »Erst die anderen durchbringen!« Die Welt braucht alle drei. Jeder sollte hier seiner Veranlagung treu bleiben, sonst wirkt es gekünstelt. Obwohl der König am bekanntesten wird für seine Taten und der Fährmann die größte menschliche Nähe genießt, hat der Hirte für sich selbst den besten Erfolg: Wer an sich denkt, hat immer Schwierigkeiten. Wer an andere denkt, hat Aufgaben. Der beste Trick überhaupt ist, sich selbst zu vergessen.

---

[16] Siehe auch Vers 23

3. Karmapa, Rangjung, 1284 - 1339

བརྩེད་མེད་སྙིང་རྗེའི་རྩལ་ཡང་མ་འགགས་པའི།

Das überwältigende Mitgefühl erscheint ungehindert,

བཅེ་དུས་རོ་བོ་སྟོང་དོན་རྗེན་པར་འར།

gleichzeitig zeigt sich nackt sein leeres Wesen.

ཟུང་འཇུག་གོལ་ས་བྲལ་བའི་ལམ་མཆོག་འདི།

Mögen wir den hervorragenden Weg der fehlerlosen
Vereinigung von Leerheit und Mitgefühl

འབྲལ་མེད་ཉིན་མཚན་ཀུན་དུ་བསྒོམ་པར་ཤོག།

ohne Unterlaß Tag und Nacht üben.

VERS 23

Die Räder des Flugzeugs sind auf dem Asphalt. Karmapa sucht jetzt die sinnvollste Schleuse. Es geht um das Einfädeln der erleuchteten Erfahrung ins tägliche Leben. **Mitgefühl** bleibt weiterhin der Einstieg. Grundsätzlich wird die Liebe im tibetischen Buddhismus durch die vier Arme des Bodhisattvas »Liebevolle Augen« versinnbildlicht. Es geht um das gesunde – nicht um das haftende oder einengende – Gefühl, das alles verbindet. Es läßt sich in vier Bereiche unterteilen: Liebe – ein müheloses Geben und Nehmen, Mitgefühl – man spürt ein Ungleichgewicht, es ist aber in Ordnung, denn der Empfänger entwickelt sich, Mitfreude – es geschieht etwas Heilvolles irgendwo, und man nimmt geistig teil, sowie als Gleichmut – man weiß, daß alle Wesen die Buddhanatur haben, wie unmöglich sie sich auch verhalten. Dies macht die Arbeit mit ihnen grundlegend sinnvoll; man wäscht dabei einen Diamanten und kein Stück Kohle.

Wie findet Karmapa dabei den Weg um Gefühlsduselei und Bevormundung herum? Wichtiger als je zuvor ist heute die Tat. In den Ländern, wo Buddhas Lehre seit Jahrhunderten bekannt ist, mag ein mild lächelnder Heiliger das Mittel sein, um einige Leute aus ihren Gewohnheiten herauszureißen, und einer, der sich auf Lebenszeit zurückzieht, kann für ehrerbietiges Geflüster und Spenden für das Kloster nützlich sein.

Im Westen aber, wo der Buddhismus jetzt lebt und täglich wächst, bewirken Verhaltensweisen wie die erwähnten bei den Menschen wenig. Auf der Straße, im Bett und im Büro heißt Mitgefühl bewußtes Handeln, das durch die tägliche Meditation entwickelt wird. Wenn diese Einstellung auch heutige Westler erreichen soll, darf nichts Süßes oder Klebriges dabei sein. Sonst wenden sich die begabten, selbständigen Leute ab, und man arbeitet am Ende mühsam mit unselbständigen Menschen, die sich für engere Heilswege als den Diamantweg eignen.

Also muß etwas geschehen – ein rollender Stein setzt kein Moos an – aber nicht jedes Mittel eignet sich. Um auf Dauer erfolgreich zu sein, sollte jede Handlung von vorausschauender Weisheit geleitet und Ausdruck eigener Reife sein. Deshalb wird öfters geraten, die drei Ebenen des äußeren, inneren und geheimen Lehrers einzuschalten. Gemeinsam berühren sie alle Ebenen im Menschen und sorgen für größtmögliches Wachstum[17].

Der äußere Lehrer ist derjenige, der einen für Buddhas Lehre öffnet und durch Anleitungen oder sein Beispiel die Richtung zeigt. Er gibt die befreienden Belehrungen und Meditationen. Man braucht Begegnungen mit ihm von Zeit zu Zeit, um sicher zu sein, daß man richtig liegt und nicht stolz, gefühlsduselig oder kopflastig wird. Dieser Lehrer ist der beste Spiegel für den eigenen Geist. Fühlt man sich also einfach entspannt und froh in seiner Nähe, ist das ein sehr gutes Zeichen für eine richtig verlaufende Entwicklung. Man hat nichts zu verbergen, auch nicht vor sich selbst.

Der innere Lehrer besteht aus den erhaltenen Belehrungen und der erworbenen eigenen Reife. Gleich dem Chor in den griechischen Dramen folgt er wie ein Strom von Einsichten immer genau den Geschehnissen, erklärt sie sowohl karmisch als auch im Rahmen einer allgemeinen Entwicklung und macht sie nützlich.

---

[17] Siehe auch Vers 5

Der geheime Lehrer ist etwas Ganzheitliches und so kraftvoll, als würde man die Finger in einer Steckdose halten. Er ist die leuchtende Einsicht, die ständig mit der Erfahrung und von ihr ungetrennt entsteht, das große »Aha«, das alles in einem Augenblick leuchtender Weisheit verbindet und versteht. Das Klare Licht des Geistes ist ein ungebrochener Strom von selbsttätig entstehenden Einsichten. Eine größere Erfüllung gibt es nicht.

Wie schafft man das alles auf einmal? Der Trick ist in diesem Fall, das Mitgefühl nicht zu einem *Ding* zu machen, sondern einfach aus der Erfahrung der Ganzheit heraus zu handeln. Wer die geringstmögliche Trennung zwischen Handelndem, Gegenstand und Tat erfährt und sich zugleich der Mittel bedient, die der gegebenen Lage entsprechen, wird richtig liegen. Alles andere wirkt nur peinlich. Die allgemeinen Ratschläge sind hier: Nach außen verhält man sich so, daß möglichst wenige Wesen langfristig geschädigt werden und der größtmögliche Nutzen für alle entsteht. Nach innen sucht man in der Einstellung das bestmögliche Gleichgewicht zwischen Mitgefühl und Weisheit. Auf geheimer Ebene verweilt man in der Erfahrung von Raum und Freude als untrennbar, erlebt die Buddhanatur aller Wesen und die grundlegende Wahrheit und Frische in allen Geschehnissen.

Künzig Shamarpa, seit Jahrhunderten die rechte Hand Karmapas, veranschaulicht die Mahamudra-Sichtweise mit dem Malen eines Bildes in Wasser. Alles paßt im Augenblick und an sich, aber schon während es erscheint, erlöst es sich selbst. So ist auch das erleuchtete Handeln, hier und jetzt, jenseits von Erwartungen und Befürchtungen, ohne Festhalten oder Wegschieben.

Die Einheit von **Leerheit und Mitgefühl** wird als **der hervorragende Weg** bezeichnet, weil schon seine Grundlage alles Ichbezogene vermeidet. Durch ihn werden gute Taten überpersönlich. Jeder störende Stolz erstickt unter Bergen von freudvollen Aufgaben. Bald ist man viel zu beschäftigt für solche Gefühle, und künftige Erfolge sind sowieso viel spannender als das bereits Erreichte!

...Tag und Nacht üben... Nirgends sind wirkliche Grenzen. Wer nicht nur tagsüber durch seine Mühelosigkeit dem Raum vertraut, sondern auch nachts gerne in seiner Mitte ruht, kann das Erleben vom Wesen des Geistes mit der »Klaren Licht Meditation« weiterführen, die in den Karma Kagyü Zentren gelehrt wird. Verwendet man diese natürlich und leicht, wird die Schlaf- und Traumzeit zu einer weiteren wonnevollen Erfahrung vom Geist. Man erlebt für immer längere Zeiträume seinen aus eigener Kraft strahlenden, bewußten Raum.

Die Meditation hilft auf allen Ebenen: Schafft man es während des Träumens, die mitunter entstehende Einsicht, daß alles ein Traum ist, grenzenlos auszudehnen, bedeutet das nicht weniger als die Erleuchtung selbst. Der Geist ist dann unbegrenzt in Zeit und Raum. Auch auf bedingter Ebene lohnt sich dieser Vorgang. Kann man schon auf den Stufen zur Verwirklichung das traumähnliche Gefühl aus der Nacht in den Tag hineintragen, schützt das hochgradig vor Leid. Danach nimmt man mit wachsender Erleichterung wahr, daß Schwierigkeiten früher nicht da waren, sich jetzt ständig ändern und bestimmt wieder vergehen werden. Erst wenn sich der Geist durch befreiende Mittel klärt, werden die Träume steuerbar. Dabei wird auch der Schlafzustand selbst immer bewußter. Wenn das dankbare Gewahrsein immer weniger oft abreißt, entsteht zusätzlich die Möglichkeit, das Klare Licht im Sterben festzuhalten und in diesem Augenblick die Erleuchtung zu erfahren.

8. Karmapa, Mikyo Dorje, 1507 - 1554

 བྱོམ་སྟོ་བས་ལས་བྱུང་སྐྱེན་དང་མངོན་ཤེས་དང་།

**Mögen wir durch die aus der Kraft der Meditation
entstehenden übersinnlichen Fähigkeiten und Hellsicht**

སེམས་ཅན་སྨིན་ཅེས་སངས་རྒྱས་ཞིང་རབ་སྒྲུངས།

**die Wesen zur Reife führen, die Welt zum Reinen Land
der Buddhas machen, und die Eigenschaften der Buddhas
erlangen**

སངས་རྒྱས་ཆོས་རྣམས་འགྲུབ་པའི་སྨོན་ལམ་རྫོགས།

Mögen wir nach Verwirklichung dieser drei – Vollendung,

རྫོགས་སྨིན་སྦྱངས་གསུམ་མཐར་ཕྱིན་སངས་རྒྱས་ཤོག།

Reife und Reinigung – Buddhaschaft verwirklichen!

VERS 24

Am Ende dieser Verse weist Karmapa auf die verschiedenen Fähigkeiten hin, die auf dem Weg zur Erleuchtung nach viel Übung natürlich entstehen. Unter besseren Buddhisten ist es eigentlich unüblich, darüber zu reden. Übersinnliche Fähigkeiten sind wie in der feineren Gesellschaft das Geld: Man hat es, redet nicht davon, parkt aber sein teures Auto vor der Tür. Seine Worte bestätigen jedoch gleichzeitig, wie wenig abgehoben er ist, wie breit das Große Siegel im Leben steht. Die Wesen sind ihm das Wichtigste.

Es geht viel weniger um die Farbe der Katze – also um eine von außen aufgedrückte Moral, die ja immer zur Beherrschung anderer eingesetzt wird – als darum, daß sie Mäuse fängt, d.h. daß die Schüler sich richtig entwickeln. Marpa und Milarepa waren vor 900 Jahren keineswegs zu scheu, um Dutzende dicker Wunder aus dem Ärmel zu ziehen und auch heute verwundert so manches im buddhistischen Umfeld. Z.B. entspricht das Wetter bei großen Diamantweg-Kursen wie Stupa-Einweihungen und dem Erlernen des Bewußten Sterbens (Phowa) nicht den Durchschnittswerten. Besonders am Anfang und Ende erscheinen sehr häufig Böen, Regenbögen oder plötzliche Regenschauer. Sie sind oft örtlich begrenzt, und nach solchen Erfahrungen sprechen immer einige davon, »ihr Schulgeld zurückzuverlangen«.

Das Übersinnliche, Allumfassende ist also viel näher, als man im überbeschäftigten Alltag annimmt. Doch wer das erahnt, hat meistens schon genügend Spannendes im Leben zu tun. Viele schauen auch wegen der Unübersichtlichkeit und der vielen Peinlichkeiten auf diesem Gebiet gar nicht erst genau hin.

Da aber Geist und Welt sich auf bedingter Ebene so offensichtlich gegenseitig beeinflussen und letztendlich eins sind, sollte man sich frühzeitig eine entspannte Einstellung zu Wundern sichern. Sie werden einen ohnehin im Laufe der Entwicklung immer öfter anlächeln. Wie könnte das aussehen? Hier eine längere Erklärung zu einem selten erläuterten, aber spannenden Bereich.

Zunächst sollte man wissen, was Wunder sind. Es gibt hier zwei Arten: mit bzw. ohne Wissen vom letztendlichen Wesen des Geistes. Erstere sind befreiende Taten der großen Verwirklicher und Buddhas. Sie verstehen schon aus früheren Leben die Wahrnehmung ihrer Sinne als bedingt. Daraus folgt die Erkenntnis von der Erscheinungswelt als dem verdichteten gemeinsamen Karma der Wesen. Anders ausgedrückt: wenn es einem erst einmal gelingt, Tag und Nacht[18] die eigenen Erfahrungen als Träume zu erkennen, kann man sich als nächsten Schritt der Arbeit mit den verdichteten Träumen aller widmen.

Ihr Ausdruck ist die aus dem Raum entstandene, erlebte äußere Welt. Sie besteht aus ständigen Veränderungen und ist an sich nicht wirklich. Deshalb ist man ihr nicht ausgeliefert, man kann sie auch ändern. Dies geschieht aufgrund der in irgendeinem früheren Leben gegebenen Versprechen. Man handelt dann den jeweiligen Tatbereichen entsprechend. Diese drücken die befriedenden, vermehrenden, begeisternden sowie kraftvoll schützenden Bewußtseinsfelder der Buddhas aus und entstehen, wann immer man an sie denkt. Sie beeinflussen die Außenwelt und lassen die Rei-

[18] Siehe auch Vers 23

nen Länder erscheinen. Die Fälle, in denen jemandem überzeugend und unerwartet das Leben gerettet wurde, gehören zu den am häufigsten berichteten Wundern dieser Art. »Über alle Grenzen«[19], mein Buch über die Entwicklung des Buddhismus im Westen, beschreibt mehrere davon. Hier ist der liebevolle äußere Einfluß handgreiflich nahe. Plötzliche Geschenke und selbstentstandene Erfahrungen von tiefer Erfüllung gehören mit dazu. Auch sie sind freudiger, liebevoller Ausdruck des unendlich reichen und selbstbefreienden Raumes. Sie verdichten sich aus den Schwingungen unterschiedlicher Buddhas und Verwirklicher und schützen und segnen die Wesen, wann und wo es geht. Raum ist das Mögliche, nicht Belegte im Geist. Eigentlich sind solche Wunder nichts als die ihm innewohnende Freude, Mut, Liebe und befreiende Weisheit. Wer das Glück hatte, den Licht-Energie-Buddhas zu begegnen, weiß, daß keine andere Freude damit vergleichbar ist.

Dieser Bereich der selbstentstandenen Kraftkreise oder des »äußeren« Segens kann überall dort helfen, wo die Wesen es nicht schaffen, die Arbeit guter Kräfte völlig zu verhindern. Raum ist nicht nur Weisheit, sondern auch Freude und Liebe. Er läßt ständig reifen, was man zwar karmisch ermöglicht, aber noch nicht verwirklicht hat. Obwohl das Wort »Segen« altmodisch klingt, gibt es hierfür wohl kein besseres. Raum ist nicht etwas Fehlendes oder ein Schwarzes Loch, sondern Wissen, Freude und langfristig sinnvolle Tat untrennbar. Alle und alles sind durch ihn gehalten, von ihm umgeben und durch ihn verbunden. Deswegen ist es weder nötig zu sterben, um ein Reines Land zu erfahren, noch muß man woanders hingehen, um Buddhas zu begegnen – bewußt der Raum zu sein genügt. Nichts anderes als er drückt sich als innere und äußere Vervollkommnung aus,

[19] Lama Ole Nydahl, Über alle Grenzen. Joy Verlag, Sulzberg 1994

als Wonne bei guten Taten und als sichtbare Ereignisse – »Wunder« – in Natur und Welt.

Was ein Uri Geller oder Ted Serios den Menschen vorführt und ein Sai Baba – denke ich – seinen Anhängern zeigt, gehört zur zweiten Sorte. Solche »weltlichen« Wunder erscheinen durch ein ungewöhnlich starkes Ausrichten des Bewußtseins auf einen Punkt. Dadurch lassen sich aus den endlosen Möglichkeiten des Raumes innere wie äußere Geschehnisse hervorbringen. Die hier verwendete Meditationsweise heißt Shine auf tibetisch und bedeutet das »Beruhigen« (Shi) und das »Festhalten des Geistes an einer Stelle« (Ne)[20]. Diese Wunder sind sinnvoll oder sinnlos je nach der Reife ihrer Geber und Empfänger.

Schafft man es, beim Auftreten aller geschenkten und herbeigewünschten Wunder Stolz zu vermeiden, ist das ein gutes Zeichen. Ob man sie aus einer Lage von Vertrauen und Dankbarkeit heraus entstehen läßt oder sie durch eingerichtete Sammlung anpeilt – die beschriebene Vertiefungsebene ist die beste Grundlage für die weitere Entwicklung.

Es ist jedoch wenig sinnvoll, so geballte Wünsche auf nur Weltliches zu richten. Getrennt von einer ganzheitlichen Entwicklung oder zu früh auf dem Weg eingesetzt, sind Wunder schaffende Vertiefungszustände eine sehr große körperliche Belastung. Einige bluten dabei aus dem Darm, oder man kann Stunden danach kaum sehen. Außerdem sind nur diejenigen Ergebnisse wirklich verwendbar und von Dauer, die bereits karmisch zu einem gehören. Ihr Wert als Mittel, um andere zu überzeugen, bleibt kurzfristig und begrenzt, denn die Spiele mit der allgemein für wirklich gehaltenen Erscheinungswelt begeistern nur die Menschen, die schon für Wunder offen sind. Die anderen bleiben aus Trägheit lieber davon überzeugt, daß man es »im Ärmel

---

[20] Siehe auch Vers 16

hatte«. Letztlich haben wohl wenige einen echten Vorteil dadurch. Die wahre Errungenschaft zeigt sich eher in der Beherrschung des eigenen Gemüts.

Obwohl bestimmt vieles versucht werden sollte, um die Wesen aus ihren festen Vorstellungen von der Wirklichkeit der Dinge herauszuschütteln, ist menschliches Wachstum unumgänglich! Es ist das einzig Überzeugende. Das Zeigen von Wundern ohne wirklichen Sinn führt offensichtlich nicht weiter. Das Leben ist zu kurz dafür. Auch können zu heiß herbeigesehnte übersinnliche Zeichen einer runden Entwicklung leicht im Wege stehen.

Statt Erwartung und Druck raten alle Buddhas das mühelose Verweilen in einer richtig geübten Meditation. Im Diamantweg sollte sie zuerst durch angeleitete Meditation (tib.: Gumlung) oder Einweihung (tib.: Wang) von einem Lama mit Übertragung gelernt werden, zumindest jedoch in Gruppen, die seinen Kraftkreis vertreten. Zusätzlich sollte jeder mit Hilfe von Videos und Büchern sicherstellen, daß er genau arbeitet! Die gegebenen Übungen müssen Buddhas Belehrungen entsprechen und sich durch die wachsende Selbständigkeit und Reife der Schüler beweisen.

Hier nimmt sich der Neuling auf dem Meditationsweg leider oft selbst den Mut. Wer die Eigenschaften der Buddhas erlangen will, kann drei großen Hindernissen begegnen.

Fehlendes Vertrauen: Man erkennt am Anfang seine »Aufs« durch seine »Nieders«. Wenn letztere weniger werden, weil man sich allmählich sinnvoller verhält, bemerken viele nicht, wie gut es ihnen schon geht: daß sie durchaus auf dem Weg nach oben sind. Die dadurch erlebten Durststrecken sind am besten mit Vertrauen zum Lehrer und zur Linie durchzustehen, oder indem man einfach einige Zeit stur weiterübt. Dann zeigt einem entweder ein Rückblick, wieviel Schweres man schon auf dem Weg abgestellt hat, oder das zeitlose Freudenlicht des Geistes bricht in einem erwartungslosen Augenblick durch und beweist alles jenseits aller Vorstellungen. Fehlendes Vertrauen ist aber häufig nicht das einzige Hindernis, das es zu überwinden gilt.

Fehlender Unterscheidungswille stört noch nachhaltiger. Wer nicht bereit ist, zwischen verschiedenartigen Heilswegen zu unterscheiden, weil er denkt, dadurch andere schlecht zu machen, hat weder einen Weg noch ein Ziel. Man behauptet dann lieber, alles sei dasselbe und von irgendeinem Gott, was zumindest bei Buddhas Lehre nicht zutrifft.

»Weiche« Wissenschaften wie das New Age werden dabei oft für wahres Wissen über den Geist gehalten, was sie nicht sind. So bemerkt man die breite Erleuchtungsautobahn kaum und baut sich ein Haus an einer Ausfahrt. Man wird Channel, Auraschauer, Heiler, Naturkostkenner, Kristallsammler, Pyramidenexperte, Engelverdolmetscher, Astrologe oder lehrt über »Fünf Tibeter«, die es gar nicht gibt. Es ist bestimmt sinnvoll, das Gute aus diesen Bereichen zum Besten anderer sowie für die eigene Gesundheit zu verwenden, aber die freie Autobahn eines klaren Weges und Ziels nicht zu nutzen oder mit nicht dazugehörigen Inhalten zu vermischen, wäre wirklich schade.

Als drittes großes Hindernis entsteht oft die Neigung, an mitunter auftauchenden *Fähigkeiten zu haften* und sich durch diese ausweisen zu wollen. Das ist so, als würde man die Kilometersteine vom Straßenrand mitschleppen. Man kommt damit nur schlecht voran. Die ständigen Selbsteinschätzungen werden immer verschachtelter, wiegen immer schwerer. Am Ende bekommt man Arme wie ein Gorilla und bleibt auf der Strecke.

Es gibt jedoch auch einen »fließenden« Weg, der auf Dauer zufriedenstellt! Wünscht man zutiefst, anderen Gutes zu tun, wird man zunehmend die Liebe und Kraft des Raumes ausdrücken. Alle Fähigkeiten entstehen dann von selbst, zur rechten Zeit und Stelle und als Ergebnis einer gesunden Entwicklung.

Karmapa zeigt an dieser Stelle, wie mit den besonderen Begabungen umzugehen ist, die durch Vertiefung entstehen. **Vollendung, Reife und Reinigung** gehören alle drei zu den wichtigen Arbeitsbereichen der Bodhisattvas: Man hilft mit allen Mitteln den Wesen heranzureifen, einschließlich der erwähnten Wunder, arbeitet mit der Reinigung der Sicht, bis sie die Welt als ein Reines Land erfahren können, und hält dabei ständig die Wünsche im Geist, zum Besten aller noch besser arbeiten zu können.

Die Wesen zur Reife zu führen ist Buddhas einziges Ziel. Die höchste Ebene davon rundet Karmapa in seinem vierundzwanzigsten Vers ab. Vergleicht man die volle Entwicklung mit einem Haus, ist nützliches Verhalten die Grundmauer, Mitgefühl und Weisheit sind die raumgebenden Wände, und die Sicht des Großen Siegels im Diamantweg ist das umspannende Dach. Jede Mutter und jeder Lehrer arbeiten nach dieser Vorstellung, soweit ihr Verständnis reicht. Das Muster hat sich bewährt.

Die Welt zum Reinen Land der Buddhas zu machen heißt nicht, mehr Blumen zu pflanzen. Es bedeutet, die Bewußtheitsebene der Wesen zu verändern: Krankheit, Alter, Tod und Verlust werden solange nicht verschwinden, wie es Körper und Dinge gibt, aber jeder kann in seiner Einstellung von vergänglichen auf zeitlose Werte umsatteln. Wenn gestörte Sichtweisen wegfallen, entstehen befreiende Weisheiten und Reine Länder an ihrer Stelle. Inneres und Äußeres strahlen dann aus ihrer Soheit, als Ausdruck des zeitlos voll-kommenen Geistes.

Mögen wir... Buddhaschaft verwirklichen! Weihnachts-enttäuschten ist der ganze Wunschbereich nicht ganz ge-heuer. Buddhistisch gesehen ist aber nichts Klebriges daran. Wünsche zu machen bedeutet, den Raum mit sinnvollen Samen und zum Besten aller zu bereichern. Dann kann etwas langfristig Nützliches erscheinen. Genau deswegen hat Karmapa sicher diese Form für seine Aussagen gewählt. Man kann zwar vorübergehend sein Karmakonto überzie-hen, aber langfristig wird nur das erfüllt, was man durch das Ansammeln von guten Eindrücken ermöglicht hat. Selbstver-ständlich ist es erwachseneres Verhalten, seinen Geist in jeder Lage zu beobachten und daraus zu lernen. Wer es schaffen kann, ein Leben zu genießen, das zugleich anderen nützt, wird seine Erleuchtungszinsen wachsen sehen, bis er die Bank besitzt.

Tatsächlich ist der klügste Wunsch überhaupt, zum Be-sten aller die volle Verwirklichung erreichen zu wollen. Wer so eingestellt ist, wird feststellen, daß besondere Fähigkeiten und eine reine Sicht ganz von selbst und genau dann ent-stehen, wenn sie gebraucht werden. Sie fühlen sich dann auch echt an und wirken kraftvoll, weil sie dem Augenblick entsprechen. Nach jeder Bestätigung von Einsicht, Kraft, Liebe und Reichtum des Raumes gilt es, getrost alles wieder zu vergessen und mit leichtem Gepäck weiterzuziehen.

Ab einer gewissen Reife verschwinden die allzu genauen und selbstbezogenen Wünsche. Zu oft ändern sich die Um-stände sowieso. Vor allem in der Liebe wirkt es komisch, wenn heiß Ersehntes zu einer Zeit ankommt, wenn man schon mit jemand anders beschäftigt ist. Da ist es besser, den Buddhas die Feinheiten zu überlassen und einfach zutiefst zu wünschen, daß alle Wesen zur höchsten Freude der Erleuchtung gelangen mögen. Da die Zuflucht Vergangenheit, Gegenwart und Zukunft kennt, geht auch nichts daneben.

Warum Karmapa die Reihenfolge **Vollendung, Reife und Reinigung** gewählt hat, und nicht die umgekehrte der tatsächlichen Erleuchtungsschritte, ist schwer zu beantworten. Auch Buddha betonte aber in den Vier Edlen Wahrheiten das Letztendliche vor dem Bedingten und das Ziel vor dem Weg. Vielleicht will Karmapa nur ausdrücklich zeigen, daß die Verwirklichung das einzig Erstrebenswerte ist.

ཚིགས་བཅུའི་རྒྱལ་བ་སྲས་བཅས་སྐུ་གསུང་ཐུགས་དང་།

Mögen sich diese reinen Wünsche von uns selbst
und allen Wesen

རྣམ་དཀར་དགེ་བ་ཇི་སྙེད་ཡོད་པའི་མཐུས།

durch die Kraft des Mitgefühls der Buddhas
und Bodhisattvas der zehn Richtungen

དེ་ལྟར་བདག་དང་སེམས་ཅན་ཐམས་ཅད་ཀྱི།

sowie alles Guten und Nützlichen, wieviel es auch sein mag,

སྨོན་ལམ་རྣམ་དག་ཇི་བཞིན་འགྲུབ་གྱུར་ཅིག།

genau so erfüllen, wie wir sie gemacht haben!

VERS 25

Mit dem letzten Vers ist alle Erleuchtungsware durch den Zoll gebracht und liegt sicher in einem schnellen Wagen. Autobahnen mit freier Fahrt und Verwirklichung warten. Die Wahl ist nur noch, wie wir die Welt bereichern wollen.

Mit fast denselben Worten wie am Anfang[21] lädt Karmapa seine jetzt unendlich an Einsicht bereicherten Leser zur Mitarbeit ein. Durch dieselben Wünsche zum Besten aller begeistert, geht es jetzt darum, die richtigen Mittel zu finden.

Schon zu seiner Zeit waren hierfür **Mitgefühl** und Güte der geeignete Einstieg. Überpersönlich und erwartungslos geworden durch die Sicht des Großen Siegels, zieht der Wahrheitsvirus dieser Einstellung durch die Leiden der Wesen und zerstört deren Wurzel.

So wächst das erste hoffnungsvolle Vertrauen in den Sinn aller Dinge zur unerschütterlichen Gewißheit heran. Wenn man in jedem Augenblick erfährt, daß Wahrheit und Sinn des tatsächlich Geschehenden jede Vorstellung und jeden Tagtraum riesig überbieten, ist das Ziel nahe. Dann nutzt man voll die Kraft des Hier und Jetzt und ist in allem bewußt. Hoffentlich waren diese Wünsche des 3. Karmapa Rangjung Dorje ein erster Auslöser für die baldige Verwirklichung vieler.

Jetzt gilt es, die Weisheitssamen zu nähren, die Sicht des Großen Siegels zu vertiefen und immer besser zu halten. Es ist kein tibetischer und vor 700 Jahren verblaßter Traum, um

---

[21] Siehe auch Vers 1

den es geht. Die richtige Anschauungsweise macht auch heute jede Lebenslage zum Lehrer, und der Geist kann sich auch mitten im Fluß der Reize durch jede Begebenheit entwickeln.

In den freien Ländern rund um die Welt stehen 1998 schon über 200 Karma Kagyü Zentren für Laien und Verwirklicher des Diamantweg-Buddhismus bereit, die einen erstklassig begleiten können. Grundlage, Weg und Ziel des Großen Siegels wurden hier von selbständigen Menschen zunehmend besser verstanden, im Leben überprüft und für richtig befunden. Ihr Leitgedanke ist einfach: Bis man ein Buddha geworden ist, sollte man sich wie einer verhalten. Sicher gibt es eine Diamantweg-Gruppe in Deiner Nähe!

Hinter jedem erfolgreichen Mann steht eine erschöpfte Frau. Hier war es wieder meine Caty, ohne ihre Ausdauer und Geistesfrische wäre dieses Buch nicht entstanden. Jeder Satz hat durch sie an Zusammenhang und Sinn gewonnen. Meinen besonderen Dank an sie für die mächtige Arbeit.

Es ist bewiesen: Raum **ist** Freude!

ADRESSENLISTE
BUDDHISTISCHE ZENTREN

Zur Zeit gibt es ca. 200 Zentren der Karma Kagyü Linie weltweit, davon ungefähr 50 im deutschsprachigen Raum.

Deutschland

Buddhistisches Zentrum Darmstadt, D-64287 Darmstadt
Dieburgstr. 148a, Tel: 06151-775 72, Fax: 06151-78 84 96
eMail: 100617.3027@compuserve.com

Buddhistisches Zentrum Hamburg, D-22767 Hamburg
Thadenstr. 79 (bitte neue Telefonnummer erfragen)
eMail: 100600.3234@compuserve.com

Buddhistisches Zentrum Hattingen, D-45525 Hattingen
Talstr. 32a, Tel: 02324-95 15 30 oder 236 49, Fax: 02324-222 17
eMail: 101713.302@compuserve.com

Buddhistisches Zentrum Heidelberg, D-69181 Leimen
Kaiserstr. 39, Tel: 06224-95 15 30, Fax: 06224-95 17 58
eMail: 100577.3545@compuserve.com

Buddhistisches Zentrum Köln, D-50670 Köln
Aquinostr. 27, Tel + Fax: 0221-732 74 75, eMail: kcl-koeln@t-online.de

Buddhistisches Zentrum München, D-80333 München
Gabelsbergerstr. 52, Tel: 089-520 463-30, Fax: 089-520 463-40
eMail: 100443.2152@compuserve.com

Buddhistisches Zentrum Passau, D-94032 Passau
Löwengrube 16, Tel: 0851-311 95, Fax: 0851-93 11 00
eMail: rasch.schaffer@t-online.de

Haus Schwarzenberg, D-87466 Oy-Mittelberg
Hinterschwarzenberg 8, Tel: 08366-98 380, Fax: 08366-98 38 18
eMail: haus.schwarzenberg@t-online.de

Buddhistisches Zentrum Villingen-Schwenningen
D-78056 Schwenningen, Brühlstr. 76, Tel: 07720-659 51
Fax: 07720-659 00, eMail: manfredmaier@swol.de

Buddhistisches Zentrum Wuppertal, D-42285 Wuppertal
Heinkelstr. 27, Tel: 0202-840 89, Fax: 0202-828 45
eMail: 100671.2041@compuserve.com

Österreich
Buddhistisches Zentrum Graz von KKÖ, A-8045 Graz
Pfeifferhofweg 94, Tel: +43-316-670 70 0, Fax: +43-316-670 70 02
eMail: ktlgraz@via.at

Buddhistisches Zentrum Wien von KKÖ, A-1210 Wien
Josef-Melichargasse 20, Tel: +43-1-263 12 47, Fax: +43-1-263 12 48
eMail: sanghahaus@blackbox.at

Schweiz
Buddhistisches Zentrum Zürich, CH-8008 Zürich
Hammerstr. 9, Tel: +41-1-382 08 75, Fax: +41-1-380 01 44
eMail: info@buddhismus.org

Dänemark
Buddhist Center Kopenhagen, DK-2100 Kopenhagen Ø
Svanemollevej 56, Tel: +45-39-29 27 11; Fax: +45-39-29 57 33
eMail: kdl-cph@post1.tele.dk

Buddhist Retreat Rødby, DK-4920 Søllested
Korterupvej 21, Tel: +45-54-61 60 97, Fax: +45-54-61 60 96
eMail: buddhist@school.dk

*Informationen und
Anfragen für die Adressen der übrigen Zentren:*

KKD e.V., c/o Haus Schwarzenberg
Hinterschwarzenberg 8, D-87466 Oy-Mittelberg

KKD e.V. Info-Fon: +49-172-830 40 08
KKD e.V. Info-Fax: +49-202-828 45
KKD e.V. e-mail: info@kkbn.com
KKD e.V. online: www.diamondway-buddhism.org

DIE BUDDHAS
VOM DACH DER WELT

Mein Weg zu den Lamas

Auf ihrer Hochzeitsreise 1969 begegneten die jungen Dänen Hannah und Ole Nydahl in Nepal zum ersten Mal dem 16. Gyalwa Karmapa, dem spirituellen Oberhaupt der Karma Kagyü Linie des tibetischen Buddhismus. Diese Begegnung sollte ihr Leben verändern.

Lama Ole Nydahl beschreibt in dieser Biographie die Aufbruchstimmung der sechziger Jahre in Kopenhagen. Dabei führte sie die Suche nach geistiger Erfahrung vom Philosophiestudium über bewußtseinserweiternde Drogen hin zu den tibetischen Lamas, den Haltern höchster Verwirklichung.

Er lässt den Leser teilhaben an abenteuerlichen Reisen, nahen Begegnungen mit buddhistischen Meistern und dem wachsenden Verständnis des Diamantweg-Buddhismus.

Das Buch erzählt nicht nur über die spannenden Lehrjahre im Himalaja und wie der Diamantweg-Buddhismus in den Westen kam, sondern vermittelt dabei auch viel buddhistisches Wissen.

Die neue Übersetzung erscheint im Herbst 1999 im Joy Verlag.

WIE DIE DINGE SIND

Eine zeitgemäße Einführung in die Lehre Buddhas

Was ist Buddhismus? Welche Möglichkeiten lehrte Buddha, um festgefahrene Vorstellungen zu durchbrechen und den Geist als unbegrenzten Raum und grenzenlose Freude zu erfahren?

Wie kann der moderne Mensch seine Alltagserlebnisse für die geistige Entwicklung nutzen?

»Wie die Dinge sind« ist mehr als ein buddhistisches Lehrbuch. Es handelt sich hier um eine lebendige Übertragung der tiefen Weisheit Buddhas – geschrieben von einem westlichen buddhistischen Meister. Lama Ole Nydahl gelingt es, den jahrtausendealten Reichtum des Buddhismus in einer verständlichen und frischen Weise zu vermitteln.

Anhand von vier Meditationen ermöglicht er dem Leser erste Erfahrungen mit den befreienden und kraftvollen Methoden des Diamantweg-Buddhismus zu machen.

80 Seiten, Pb
14 x 21 cm
ISBN 3-928554-13-1
DM 16.80, Fr. 14.80, ÖS 123.–

ÜBER ALLE GRENZEN

Wie die Buddhas in den Westen kamen

Erlebnisse, Erfahrungen, Erkenntnisse... Lebendig und humorvoll dokumentiert Lama Ole Nydahl, wie im Laufe der letzten 20 Jahre aus dem tibetischen der westliche Diamantweg-Buddhismus wurde.

Eine spannende, chronologische Beschreibung einer für den Buddhismus und den Westen bedeutenden Begegnung mit autobiografischem Charakter.

Die Geschichte beginnt 1972 mit der Audienz bei der Königin von Dänemark. Der Keller eines abbruchreifen Hauses in Kopenhagen wird das erste Meditationszentrum der Karma Kagyü Linie in Europa, für die nötige Mobilität sorgt ein durchgerosteter VW-Bus mit Rallyeeigenschaften. Zwei Jahre später eröffnet dann Karmapas Besuch völlig neue Dimensionen...

440 Seiten, ca. 300 s/w Fotos
Festeinband, 14.5 x 21.4 cm
ISBN 3-928554-02-6
DM 44.–, Fr. 39.80, ÖS 322.–

DIE VIER GRUNDÜBUNGEN

Ngöndro – Die ersten Schritte im Diamantweg-Buddhismus

Lama Ole Nydahl erklärt in diesem Buch ausführlich die traditionellen ersten Übungen im Diamantweg-Buddhismus. Die Vier Grundübungen (tib. Ngöndro) bestehen aus der Praxis der Zufluchtnahme, der Diamantgeist-Meditation, den Mandala-Gaben und der Meditation auf verwirklichte Lehrer (Guru Yoga).

Der Meditierende reinigt dabei kraft der Mantra-Wiederholungen störende Eindrücke in Körper, Rede und Geist und entfernt negative Gewohnheitsmuster.

Die Ngöndro-Praxis ist die Grundlage für weiterführende Meditationen und ebnet den Weg zur Erleuchtung.

Die beschriebenen Mittel sind nur für Buddhisten gedacht, die intensiv und über mehrere Jahre hinweg mit ihrem Geist arbeiten wollen.

100 Seiten, Pb
14 x 21 cm
ISBN 3-928554-32-8
DM 22.–, Fr. 20.80, ÖS 161.–